我愿意听你每一个微小的瞬间

也愿意陪你穿越那些腾空的巨浪

——一个有温度、有态度的避风港

教育部高校思想政治工作质量提升综合改革与精品建设项目：
高校学生心理健康教育指导典型案例
"家—校—院"三维联动，"休—复—转"全程润心研究成果

安心港湾漂流瓶
——心理老师与大学生、家长和辅导员的心灵对谈

朱婉灵　著

东南大学出版社
SOUTHEAST UNIVERSITY PRESS
·南京·

内容简介

本书针对大学生日常生活中的典型烦恼、大学生家长与孩子互动中的常见困惑以及辅导员在家校合作中面临的核心问题,从心理老师的专业视角和工作经验出发,提供切实有效的支持和指导,同时增进大学生、家长和辅导员之间的相互了解和理解,为三方协同奠定良好的关系基础,助力大学生的心理成长。

希望本书能为大学生、家长和辅导员提供积极的引导,也为高校家校合作提供有益的参考和借鉴。

图书在版编目(CIP)数据

安心港湾漂流瓶:心理老师与大学生、家长和辅导员的心灵对谈 / 朱婉灵著. -- 南京:东南大学出版社, 2025.3. -- ISBN 978-7-5766-1704-7

Ⅰ.G444

中国国家版本馆 CIP 数据核字第 2024G8N969 号

责任编辑:张新建　责任校对:张万莹　封面设计:王　玥　责任印制:周荣虎

安心港湾漂流瓶——心理老师与大学生、家长和辅导员的心灵对谈
Anxin Gangwan Piaoliuping —— Xinli Laoshi Yu Daxuesheng、Jiazhang He Fudaoyuan De Xinling Duitan

著　　者:	朱婉灵
出版发行:	东南大学出版社
社　　址:	南京四牌楼 2 号　邮编:210096　电话:025-83793330
网　　址:	http://www.seupress.com
出 版 人:	白云飞
经　　销:	全国各地新华书店
印　　刷:	广东虎彩云印刷有限公司
开　　本:	700 mm×1 000 mm　1/16
印　　张:	18.75
字　　数:	260 千字
版　　次:	2025 年 3 月第 1 版
印　　次:	2025 年 3 月第 1 次印刷
书　　号:	ISBN 978-7-5766-1704-7
定　　价:	60.00 元

本社图书若有印装质量问题,请直接与营销部联系。电话(传真):025-83791830。

序

在心灵的港湾，寻找安定的力量

在这个百年未有之大变局的时代，青年一代不仅面对承载着个人成长的困惑，也肩负着民族复兴的历史使命。大学生群体面临着前所未有的挑战，学业竞争、就业焦虑、情感困惑、家庭期待……种种成长压力如潮水般涌来，年轻的心灵在迷茫中寻找方向。作为高校教育工作者，我们深知心理健康教育的重要性，也一直在探索如何更好地为青年学子提供心灵指导，为他们的成长成才筑建心灵的栖息之所。

作为一所逾百廿历史的高校，东南大学始终秉持"止于至善"的校训精神，致力于培养具有家国情怀和国际视野的领军人才。近年来，学校大力推进心理育人工作，构建了"全员、全过程、全方位"的心理健康教育体系。《安心港湾漂流瓶：心理老师与大学生、家长和辅导员的心灵对谈》（以下简称《安心港湾漂流瓶》）一书的出版，正是我校心理育人工作的重要成果之一。

随着教育的不断发展，家校合作已成为高校心理健康教育中不可或缺的一环。我们深刻认识到，大学生心理问题的产生，往往与家庭教育方式和成长环境密切相关。高校心理健康教育不仅需要个体的努力，也需要心理健康教育生态系统的协同运作。只有更好地发挥家校合作的优势，才能为大学生的心理成长创造更加有利的环境，为他们提供更有针对性的帮助。此书以温润细腻的笔触，为我们打开了一扇促进大学生、家庭、学校之间相互理解、沟通、协作的窗口。

作者朱婉灵于2021年成立"安心港湾"辅导员工作室，开始了家校合作相关心理工作，积累了大量与学生、家长以及辅导员的协同工作经验，并将这些宝贵的经验凝练成文字，汇编成本书。书中没有晦涩的理论说教，而是通过书信问答的形式，将心理老师、大学生、家长和辅导员四方视角有机融合，构建了一个立体而真实的心灵对话空间，展现了当代大学生真实的心路历程、家长朋友的典型困惑以及辅导员老师在家校合作工作中的切实体验，也展现了心理老师与学生、家长、辅导员的协同努力。在这个协同系统中，心理老师的专业引领、心理医生的联动支持、学生的自我探索、家长的情感支持和辅导员的工作实践相互交织，共同绘就出一幅新时代心理健康教育的生动画卷。

我特别欣赏本书对家校协同育人理念的诠释——不仅强调了家校沟通与协同的重要价值，阐述了建立家-校-院有效联动机制的必要性，同时深入浅出地探讨了家庭与学校如何携手合作，在教育过程中发挥各自优势，共同为大学生的心理发展保驾护航。书中的问答让我们看到，当学校、家庭和社会形成合力，就能为青年学子构建起坚实的心理支持系统。

在阅读这些书信时，我常常被师生之间的真诚交流所打动。心理老师不是高高在上的说教者，而是与学生平等对话的倾听者，用专业的知识和丰富的经验，引导学生认识自我、接纳自我、超越自我。这种教育方式，正是"以生为本"教育理念的生动体现。

书中所呈现的很多家长朋友在与孩子的互动中遇到的困惑，非常具有代表性。心理老师用充满温情的语言引导家长朋友们认识和欣赏真实的孩子，抚平自身内在的焦虑，同时注重自我照顾，成为孩子坚强的后盾，提供了很多积极的启示，具有较强的借鉴意义。

特别值得一提的是书中对辅导员工作的探讨。作为学生工作的中坚力量，辅导员在心理健康教育中扮演着重要角色。本书通过对辅导员在家校合作心理工作中具体困惑的分享与回应，为辅导员提供了切实可行的心理辅导方法，这对提升其心理健康教育工作水平具有宝贵的参考价值。同时，本书引导辅导员老师爱人爱己，助人自助，提升其自我心理调节能力。

《安心港湾漂流瓶》不仅是一场心灵的对谈，更是一面镜子，让我们看到当代大学生的精神世界，看到家长朋友的爱子心切，也看到高校心理育人工作的价值与意义。它提醒我们，教育不仅是知识的传授，更是心灵的滋养。

本书兼具专业性与通俗性，既有专业的心理学视角，又以亲切平实的语言娓娓道来，饱含人文关怀的温度，让即便是没有心理学背景的读者也能轻松上手。它既是大学生的成长指南，亦是家庭教育与学校教育的实践手册。

在这个充满不确定性的时代，心理健康已经成为人才培养的重要维度。《安心港湾漂流瓶》不仅是一本心理辅导读物，更是一本关于理解、关爱与成长的人生之书。它告诉我们，每个人的心灵都需要一个安定的港湾，而构建这个港湾，需要学校、家庭和社会的共同努力。

青年心理健康教育事关国家未来、民族希望。大学生需要知识的武装，更需要心灵的指引。我诚挚地向广大师生、家长推荐这本书，用心去感受、去体验、去实践，在精进家校合作共联的同时，发掘自我内心深处的力量。

"安生乐业，家校同心"，在爱人中成就自我，在助人中实现成长。

希望这本书能够成为更多人的"安心港湾"，携手同心，为青年学子营造一个充满理解与关爱的成长环境，让每一颗年轻的心都能找到安定的力量，在青春的航程中扬帆远行。

东南大学党委副书记　邢纪红

2025 年 2 月 28 日

写在前面

我和文字的缘分

记得高中时,在一堂班会课上,班主任让我们写下未来的愿望,随后将纸叠起,全班同学的愿望都被收集到一个玻璃瓶中,密封保存。对那时的我们而言,这或许只是一项简单的任务,如今回首,却感受到那份仪式的神圣。

毕业后,那个瓶子几乎被遗忘,鲜有人提及。近二十年过去,那个瓶子,以及那些青春时写下的愿望,却在我心中跃动。我庆幸自己实现了大部分心愿:进入了心仪的学校和专业深造,成为一名心理工作者,坚持着个人爱好,并拥有了幸福的小家……唯独有一个心愿,当时觉得未必可及,却仍然想要写下——出版一本书。

是的,出版一本书,在有限的生命里,至少留下一本属于自己的著作。不求畅销,不为名利,只愿将所思、所想、所行、所念化为文字,这是源自生命深处的渴望。多年后,这个念头再次涌上心头,我感受到周身的血液流动起来,心中涌动着一股暖流。

我与文字,似乎有着不解之缘。从小学开始,我便用日记记录心情,那些无处诉说的言语,在文字中找到了归宿。小学三年级时,家人以"三好生"的奖励带我去书店购书,这一不经意的举动,开启了我与书的深厚情谊。我的作文在班里逐渐脱颖而出,而我也越来越爱读、越来越爱写。

小学高年级时，我甚至兴致勃勃地尝试写小说，向《少年文艺》等杂志投稿，虽然石沉大海，却依然感到开心。这份与文字的缘分，一直延续到高中。前几年搬家整理资料时，看到自己发表在校刊、校报和杂志上的文章，重读后竟感到一丝惊喜，那时的文字竟如此灵动。进入本科、研究生阶段，我仍不时在社交空间写一些随感，如今读来，仿佛能触摸到时光的脉络。然而，随着毕业和工作，需要面对的事情越来越多，拥有一片宁静的心境来写作变得奢侈起来。当我意识到动笔越来越少时，心中不禁有些慌乱，好像丢失了一部分的自己。我害怕有一天，自己会变得陌生，眼中失去光芒。我知道，是时候回归了。

我与文字之间的连接，深情而隐秘。当我提起笔的时候，我感到一种踏实和自然。近年来，我结合专业知识，用文字与许多人建立了连接，再次体会到了那种简单而熟悉的快乐。文字，是我与内心沟通的桥梁。在纷扰的世界中，文字安宁、美好而干净，它对我的爱是全然的、接纳的、流淌的、不离不弃的。文字是一种表达，也是一种对话，它传递着我的感受和思想，也让我聆听到外界的回响。那也是一种我与人、与世界交流的方式。在每一段努力走近它的旅途中，我也在感受生命的延伸和成长。

我与文字的缘分还将继续，而那本书，早已在我心中生根发芽。

每个人都需要一个安心的港湾

在这个广袤的世界里，每个人都如同沧海一粟，但又不是孤立无援的岛屿。

我们需要在风浪中相互扶持，有所依靠；在黑暗中看见灯塔，有人指引。

无论处于哪个年龄段，扮演何种角色，我们都渴望被倾听、被理解、被爱。

再坚强的人，内心也有脆弱的一角，需要一个安心的港湾来停泊。

这个港湾，可以是一个温暖的家，一位贴心的恋人，一本启迪心灵的书，一个坚定的信仰，或者是一个记忆深处的微笑……

这也是一个小小的港湾，

无论春夏秋冬，无论黑夜黎明，

它愿意倾听你每一个微小的瞬间，

也愿意陪你穿越那些腾空的巨浪。

安生乐业，家校同心——一个港湾的由来

家庭，作为个体社会化过程中的基本单位，是人类历史上最早的社会机构和体制之一，也是社会的细胞和缩影。对于大学生心理健康发展而言，家庭具有极其重要的意义。2021年，我申请了校辅导员工作室项目，旨在开展心理健康教育家校合作的相关工作。我们秉持"安生乐业，家校同心"的工作宗旨，期望汇聚家长、学生和学院三方面的力量，共同搭建一个科学性、系统化、浸润式的家校合作平台，以促进大学生的身心健康发展。

我将这个工作室命名为"安心港湾"，因为每当想到家，我的脑海中就会浮现出港湾的形象。当我们航行在海上时，无论阳光明媚、风平浪静，还是雷电交加、巨浪滔天，港湾始终在那里静静地守候着我们。一座灯塔在远方遥遥相望，照亮我们前行的道路，也温暖我们迷茫的心灵。或许还会有一个电台，播放着熟悉的旋律，在顺境中为我们欢呼鼓掌，在逆境中为我们加油打气。港湾就是这样一个平静、温暖、让人安心的存在。

大学生就像一艘艘离家远航的小船，在广阔的海面上航行。老师和家长不再日夜陪伴在他们身边，而是给予他们更多自由发展的空间和独立成长的机会。但我们一直都在他们身后默默支持着，从未离开。我们共同成为他们的港湾，当他们感到疲惫、孤独、无力或挫败时，我们就在那里坚守着，如同一个坚实的怀抱。"安生乐业，家校同心"，希望这个工作室也能像一个小小的港湾一样，成为每一位家长朋友、辅导员老师温暖的心灵栖息地。在这里，我们可以倾诉家庭的辛酸、关系的困惑、工作中的两

难……共同学习，彼此赋能，重拾勇气，勇敢前行。

自"安心港湾"家校合作工作室成立以来，我们已经初步构建了"家-校-院"服务体系。目前，以学校心理健康教育中心为核心的工作团队正针对家长、学生和学院三方提供相应的心理支持服务。通过建立"家-校-院"联动育人平台，在深入了解家长、辅导员和大学生相关困难和需求的基础上，我们结合心理教育实务工作，为服务对象开设了包括家长讲堂、家长微课、家长手册、辅导员培训、家长/辅导员沙龙、家长/学生/辅导员问答、家长/辅导员指导、家庭咨询、多方会谈等多种形式的支持性活动。我们进行相关知识的宣传普及和特别问题的心理支持，使学院和家长能够发挥恰当的心理育人功能，共同构建更为全面的大学生心理健康教育润心服务体系，并取得了初步的工作成果。

本书是对"安心港湾"工作室家校合作过程中"安心港湾漂流瓶"部分的总结，同时也结合了我在工作中的所思所感进行了一些补充。全书分为"写给大学生""写给家长朋友""写给辅导员老师"三卷，针对不同群体所关心的、具有代表性的问题给出了解答、分享和建议。我希望这本书能够给大家带来一些启发，并促进大学生、家长朋友、辅导员老师之间更好地相互了解，携手共进。

感谢每一位朋友的信任与支持，让这个港湾充满了意义。也欢迎你来到这个小小的港湾，聆听她与大学生、家长朋友和辅导员老师的对谈。

目 录

第一卷 写给大学生

卷首语　写给新大学生：步入大学很迷茫，心灵小贴士送给你 ………… 003

第一章　在这个内卷的世界，安心做自己 ………………………… 007
  1. 在这个内卷的世界，安心做自己 ……………………………… 008
  2. 能力配不上期望，但我是个懒大王 …………………………… 011
  3. 我想翻盘，却身不由己 ………………………………………… 016
  4. 室友都保研了，我却要考研 …………………………………… 020
  5. 备考压力如何排解 ……………………………………………… 023

第二章　迷茫与焦虑中，拥抱生活的勇气 ………………………… 027
  6. 我该如何寻觅生活的真谛 ……………………………………… 028
  7. 大类专业分流引发的迷茫 ……………………………………… 032
  8. 就要考研了，我感到焦虑 ……………………………………… 035
  9. 感觉自己在虚度光阴 …………………………………………… 039
  10. 拥抱生活的勇气 ………………………………………………… 043

第三章　喜欢没有回应，能否遇到双向奔赴的感情 ……………… 049
  11. 能否遇到双向奔赴的感情 ……………………………………… 050
  12. 学业和爱情不想两头空 ………………………………………… 054

13. 感情越来越淡，如何谈好异地恋 ········· 058
　14. 如何找到聊天的话题 ········· 064
　15. 感情被吵没了，还能继续吗 ········· 068

第四章　快放假了，却即将迎来第三个学期的学习 ········· 073

　16. 我们即将迎来第三个学期的学习 ········· 074
　17. 想要一个新的开始 ········· 079
　18. 宿舍关系让我感到压抑 ········· 083
　19. 不知道和父母聊些啥 ········· 087
　20. 容貌焦虑，找不到自己的风格怎么办 ········· 091

第二卷　写给家长朋友

卷首语　良好的家庭关系是送给孩子最好的礼物 ········· 097

第五章　一场坚定而温暖的分别 ········· 099

　21. 新生家长如何助力大学生 ········· 100
　22. 家长如何与大学生沟通 ········· 104
　23. 如何面对成为"空巢老人" ········· 108
　24. 一场坚定而温暖的分别 ········· 112
　25. 如何给孩子稳稳的爱 ········· 116

第六章　如何唤醒一个"装睡"的孩子 ········· 121

　26. 陪读：如何唤醒一个"装睡"的孩子 ········· 122
　27. 当优秀的孩子不想上学 ········· 127
　28. 如何理解大学生的拖延 ········· 131
　29. 孩子进入大学后特别叛逆 ········· 135
　30. 孩子沉迷网络怎么办 ········· 139

第七章　放下"爱"的枷锁 ·········· 143
31. 希望孩子成为情商大师 ·········· 144
32. 孩子成绩不理想，家长可以怎么做 ·········· 148
33. 如何面对孩子的抑郁 ·········· 152
34. 如何看待大学生的恋爱 ·········· 156
35. 不希望孩子走我的老路 ·········· 160

第八章　不仅是家长，更是自己 ·········· 165
36. 做六十分的父母 ·········· 166
37. 不仅是家长，更是自己 ·········· 170
38. 怕影响孩子，不敢离婚 ·········· 174
39. 单亲家庭也可以充满爱 ·········· 178
40. 不做家庭的"牺牲者" ·········· 182

第三卷　写给辅导员老师

卷首语　家校协同，共促大学生心理健康发展 ·········· 187

第九章　家校合作的途径与方式 ·········· 191
41. 辅导员如何有效与家长沟通 ·········· 192
42. 辅导员与家长联动的时机与途径 ·········· 197
43. 是否应建立家长群 ·········· 201
44. 辅导员"家校联动"的工作边界 ·········· 205
45. 如何进行危机学生的家校联动 ·········· 209

第十章　成为大学生的知心人 ·········· 213
46. 被网络"束缚"的青年 ·········· 214
47. 不想让父母看到我的"狼狈" ·········· 218

48. 你听，生病在呐喊 …… 222
49. 我的家是一个华丽的冰窖 …… 226
50. 想要保护父母的孩子 …… 230

第十一章　成为家长朋友的同行者 …… 235

51. 我的孩子没有"病" …… 236
52. 不希望我的孩子服药 …… 240
53. 不同意我的孩子休学或退学 …… 244
54. 如何度过休整时光，安稳复学 …… 247
55. 我的"好孩子"被学校"搞坏了" …… 251

第十二章　爱人爱己，助人自助 …… 255

56. 辅导员的身心自我关怀 …… 256
57. 辅导员工作与家庭的平衡 …… 261
58. 每个人的心中都藏着一个孩童 …… 265
59. 正历经情绪的低谷 …… 269
60. 让人"羡慕"的婚姻陷入迷茫 …… 273

尾声：家是人生的起点，也是心灵的归途 …… 277

致谢：一个港湾的幸福 …… 279

第一卷

写给大学生

大学是一个令人神往的所在，在许多人心中，它象征着更自由的时间、更丰富的生活、很多新鲜的人和事，以及那甜蜜的爱情……然而，现实中的当代大学生却面临着内卷的现状和种种压力。不同学校、不同专业的大学生，他们的大学体验各不相同，每个人对大学都有着自己的感受和理解，也伴随着各式各样的困惑与不安。但处在相同的人生阶段，同学们的悲欢又有着些许相通之处，能在他人身上看到自己的影子，从他人的故事中收获自己的思考。

本卷将分享大学生的困惑与小港（安心港湾漂流瓶瓶主）的回信，从自我烦恼、学业烦恼、情感烦恼、生活烦恼四个维度进行呈现。所选的大学生来信均源自笔者所在的东南大学，因此具有一定的学校特色。希望通过这些问答，能够打开一扇小窗，让大家窥见大学生真实的苦恼与迷茫，让同学们找到共鸣，相互借鉴，同时也便于辅导员老师和家长朋友们更好地理解当代大学生的内心世界，为他们的成长积极助力。

卷首语

写给新大学生：步入大学很迷茫，心灵小贴士送给你

亲爱的小萌新们，很高兴见到你们，为你们即将踏上新的征程而感到欣喜，也庆幸我们在此相遇。我是小港，东南大学心理健康教育中心安心港湾漂流瓶的瓶主。过去的日子里，漂流瓶收到了同学们发来的各种困惑，并给予了大家回复与反馈。今天，小港想在这里与即将开启新学期的你们聊一聊。

军训即将落幕，相信你们已对校园有了初步的了解。你们中的大多数远离家乡，从四面八方汇聚于此，踏上了追梦的旅程。我想，你曾无数次设想过大学的模样，拿到录取通知书的那一刻，也一定憧憬过在东大将会度过的美好时光。无论这个地方是否符合你最初的期待，我都要说一句：感谢你的到来，欢迎你探索这个美丽的校园，以及这座底蕴深厚的城市。当然，在探索的过程中，你可能会经历激动、兴奋、欣喜，也可能遭遇失望、难过、迷茫，这些情绪都是大学生常见的心理状态。适应需要时间，不完美也是人生的常态，我们无需盲目乐观，但也不必过分恐慌。

作为一名心理老师，仅仅祝愿你人生一帆风顺是不够的，我更希望你能够培养出应对人生挫折的能力，生长出无论面对何种情况都相信自己能活出自我的信念。在此，我分享一些小贴士，希望能帮助你提前做好心理准备。

一、东大是"学习型"大学

树立远近目标，建立客观自我认知。作为"性价比最高"的大学之一，东南大学以其严谨踏实的学风著称。如果你还相信高中老师那句"大学就是休闲度日"的话，那恐怕要失望了。东大的学子都是来自全国各地的佼佼者，在这里，你将进入新的圈子，可能会感受到"卷"的氛围。原本成绩优异的你也许会变得默默无闻，原本在人群中显眼的你也可能"光芒不再"，甚至拼尽全力也无法"证明自己"。小港曾遇到过很多同学倾诉自己的"失败"，但他们身上其实有着许多闪光点。如果你暂时无法达到理想的位置，希望你能调整心态，客观认识自己，不必急于"证明"自己，而是找到自己的目标和所长，既不自矜，也不自卑，去创造属于自己的独特风景。

二、东大不只有"学习"而已

丰富课外生活，注重多元能力培养。学习虽是东大生活的重要组成部分，但绝非全部。东大还有丰富多彩的课余生活和高质量的文化资源，这些也是广义学习的一部分，能够锻炼我们各方面的能力，提升我们的综合素养。来到东大，希望你不再只是专业学习的小机器，而是能够找到更大的舞台，拓宽视野，提升格局，探寻人生，绽放青春。希望你既要埋头看路，也要抬头看天。无论是学生社团、社会实践、学科竞赛还是文娱舞台，希望你能找到属于自己的一片天空，在这里升腾起生命的能量，抑或成为你栖息的港湾；希望你成为一个有志气、有底气、有勇气，拥有自我，胸怀家国的人。

三、在大学认识更多伙伴

珍惜校园情谊，建立人际支持系统。小港离开学生时代多年，回想起来，格外珍惜学生时代的友谊。小港的很多朋友都是在大学校园里结识的，并且至今仍是我们彼此人生中的重要支持。虽然互联网的发展让我们轻易就能与人建立联系，但线上的沟通永远无法替代真实的接触。每一次面对面的交流，都是爱的真实流动。这种情感的交融，在眼神里、在分享里、在互帮互助里、在每一次彻夜长谈里。离开校园后，除了家人，我们很难再有机会像大学同学那样朝夕相处、谈天说地。抓住这美好的时光去认识更多伙伴吧，不要害怕自己不擅长人际交往，大学给了我们足够多的锻炼机会和空间。勇敢地迈出第一步，学会珍惜身边的每一个人，这可能会成为你一生的财富。

四、更重要的是提升心理韧性

积极面对挫折，敢于求助身边资源。人生之路很难一帆风顺。成绩会有起伏，荣誉会成为过去，爱情可能遭遇挫折。我们期待顺遂和美好，但也需要具备应对挫折的能力。不轻易否定自己，不过度归咎外界，而是能够冷静客观地面对人生的不如意之事，在逆境中成长和积淀。及时进行自我调整，学会自我关怀、放松、倾诉、求助，这些都是我们重要的生活乃至生存技能。可以尝试与辅导员老师、任课老师沟通，他们拥有丰富的学习和人生经验；也可以向信任的朋友和家人寻求支持，他们是你坚强的后盾；小港和心理中心的老师们也会一直在这里等待你的到来，成为你温暖的港湾。当你觉得自己难以通过自我调节来恢复时，别忘了拨打心理中心的预约电话，不要一个人硬扛哦。

让我们一起开启大学新篇章！

第一章
在这个内卷的世界，安心做自己

无论世界如何变迁，我们所能做的最重要的是看见自己的美好，发现自己的闪光点，坚信自己的价值，用坚韧而有力的内在去安心做好自己。

在这个内卷的世界，安心做自己

漂流瓶：

　　我是来自香港的新生，爱好篮球、羽毛球、乒乓球等各种运动项目，性格比较内向，讨厌别人的眼光和评价，不敢在人多的时候发表自己的意见。由于是通过港澳台的考试进入东南大学，在某些基础上存在不足，所以学习上有较多困难。同时，我觉得周围的人都很优秀，不禁会产生自卑的心理。此外，周围人似乎又过多地强调"内卷"这个概念，好像每个人都会关注别人的学习情况，这也使我在学习过程中对别人一直说的"卷"感到厌烦。我认为没必要一直过分重视别人学得怎么样，而应该专注于自己。这两点让我感到很困惑，但又无力解决，只能尽量不去过多地注意别人的想法。然而，每次别人的目光似乎在我身上停留过久，以及他们的谈吐，都会让我感到有点烦躁。

　　　　　　　　　　　　——学生：内向不内卷的大一萌新

小港的回复

内向不内卷的大一萌新：

　　你好呀！感谢你真诚地来信。在读信的过程中，我能感受到你的无力和烦闷，也能够理解作为一个来自香港的学生，你在学业上确实面临着更大的挑战。

由于内地和港澳台地区对学生培养目标和方案各有特色，学生的学业基础也会有所不同。因此，你刚刚接触内地的教学模式时感到陌生是很正常且普遍的现象。不少同学也遇到过跟你一样的困惑，感觉身边的人一下子都跑在了自己前面，感到焦躁、无力的同时，又惶恐自己也许很难迅速跟上或者反超，从而产生自我怀疑。但事实上，这并不是你的智力或者能力发生了很大的变化，而是因为此刻和你相比较的同学们不同了。他们或许有能力更出众者，但关键在于他们更加适应于眼下的"模式"。再加上现在流行的"内卷"文化，我们往往会看到比我们"优秀"的人也比我们更努力。对比之下，我们很容易"相形见绌"，感到焦虑。而在这样充满压力和挑战的环境中，我们如何稳住自己显得尤为重要。

第一，我们需要看到自己身上的价值。

我看到你很喜爱运动，擅长思考，有独立的想法，也感受到你的真诚，这些品质都很宝贵。我们习惯用"成绩"去评价一个人，但成绩绝不是评价一个人的唯一标准。我们首先需要去了解自己，看见自己值得被欣赏的地方。当我们对自己有了客观的了解和足够的接纳时，内心就会变得丰盈，也就不会那么在意别人的目光和评价了。那么，如何做才可以更客观地认知自我呢？方法其实不难，比如可以尝试着去罗列一下你眼中的自己的优点和不足，看看你在罗列这两者的时候感觉是否有不同？罗列出来的数目是否会有悬殊？每个优点和缺点会给你带来什么样的感受？再思考这些不足是否有提升的空间和可能？是否可以被自己接纳？

当然，我们处于社会之中，不可能孤立存在。因此，我们无法阻挡别人的声音，但我们可以选择让哪些评价进入我们的心中，也可以选择用怎样的眼光投向自己，是充满理解的、欣赏的、激励的，还是批评的、指责的、自我攻击的。当我们选择用充满爱的眼光客观看待和评价自己时，就会仿佛生出一副铠甲，变得更加坚韧，可以抵抗那些可能的恶意；可以变得更加正向，也许对同样的眼光会有不同的解读；可以变得更加勇敢，敢于说出自己的声音，因为你的想法值得被听到。

第二，给自己设定合适的目标和定位。

在大学里，我们很容易感到困惑和迷茫，不知路在何方。但每一个人都是独特的，不一定非要按照同一条路径去发展，也并非只有成为"佼佼者"才会感到幸福。我很赞同你的想法——不过分关注别人，而是应该专注在自己身上。结合自身的情况，找到属于自己的目标和定位并为之努力。让周边优秀的同学成为我们的动力或助力，而不是压力和阻力。不妨以入学时候的自己为参照点，看看经过一个学期、一年、两年，你有了哪些好的变化？你是否在学业、人际、情绪等方面有了新的收获？是否达到了你对自己的定位期待？是否离你的目标又近了一步？将每一个阶段的自己都记录下来，这样我们就可以更清晰坚定地知道自己的目标在哪里了。

第三，在平衡中寻求你的独特性。

当然，在环境中我们依然面临着"水涨船高"的压力。自我接纳、自我关注的确并不容易。我能感受到你是一位有自我要求的同学，并不愿意就此躺平。同时，我也能感受到你的特别之处，在努力完成学业、不断攀升的艰难过程中，除了给自己更多耐心和鼓励外，也可以尝试着寻找和发展你的独特之处。慢慢建立自己的不可替代价值，为将来的发展做好规划和准备。当我们感受到未来在自己手中，看到实现自我的发展路径时，内心就会感到安定。

最后，不知道校园中是否有可以让你畅所欲言的朋友，如果有的话，尝试着打开自己，与周边的人有更多互动。当别人的眼光在你这里停留时，他们看到的可以是你真诚的笑容、运动场上挥洒的汗水、自信的身影……

在人生这场马拉松中，用你的热爱和独特去认识人、去结交朋友、去展开交流。在这个"内卷"的世界里，最重要的是成为你自己，安心做自己。

——小港

2 能力配不上期望，但我是个懒大王

漂流瓶：

　　我感觉自己的能力配不上自己的期望。每次想提升自己能力的时候，又会莫名其妙地拖延下去。我觉得就是太懒了，但又无法摆脱这种懒。每次因为懒而没有做出改变，我就会自责，想着要是我没有偷懒，当时就行动起来，会不会有更好的结果。但我似乎并没有"吃一堑，长一智"，再遇到需要我勤快追赶的情况，我还是会感觉没有动力，无法真正付诸行动。我不知道自己为什么会这样"懒"，也不知道该如何克服这种"懒"。

　　　　　　　　　　　　　　　　　　　　　　——学生：懒大王

小港的回复

懒大王：

　　你好，感谢你的来信。在简短的文字中，我感受到了你的无力和迷茫，仿佛你正被一种无形的力量拖拽着，想要奋力挣脱却又力不从心。我们往往容易把行为上的难以推进和"懒"画上等号，并因此感到自责和羞耻。但实际上，在我接触的学生中，很少有人真正愿意"不思进取，放弃自我"。很多时候，我们所说的"懒"并非真正的懒惰，而是一种四肢可以灵活运动，但精神上却难以振作的状态。这种状态背后可能隐藏着许多复杂的原因。

如果我们一边"懒"一边痛苦纠结，对自己指责攻击，就会陷入内耗的恶性循环。因此，首先要做的是不站在自己的对立面，而是像一个朋友一样去关心自己，探究到底是哪里出了问题，为何你明明心里那么渴望成为"更好的人"，却在行动上难以跟进。结合你的来信，我们可以从以下几个角度进行思考。

一、期望是否清晰且自发

首先，你的期望是否足够清晰且具体可行？这与我们的内在动力息息相关。如果期望只是一个模糊的概念，如"要优秀""要更好"，那么就很难转化为脚踏实地的小目标。其次，这种期望是否符合你内心的需求和渴望？如果期望更多是外界的声音，不符合自己的需要，就容易陷入矛盾，难以产生内心的认同感。即使迷茫，我们也容易带着惯性向前，不敢停下脚步，害怕一打盹，周围的人都跑到了自己前面。总有声音对自己说：你为什么跑得不够快？你怎么可以停下来？你怎么不为自己负责？这些声音让我们焦虑，催促我们去行动，但无法让我们真正形成内在动力，只能依靠外力推动去"应付"任务。这个过程拉得越长，能量消耗越大，越是让人感到疲惫。

二、期望与能力是否匹配

你来信中说"能力配不上期望"，我不知道这是你在困难状态下的主观感受，还是一种客观的评估。合理的期望通常是我们努力跳一跳就能够达到的目标。如果连你自己都觉得这个目标"遥不可及"，那么任何一步前行都仿佛是在走向失败，即使头脑告诉你"要努力往前"，内心却清楚地知道自己已经不堪重负，一味鞭策是没有用的。如果任由这种状态发展下去，经历过多次尝试和失败后，人就容易变得更加无助。

因此，我们需要调整自己的期望，使之与能力相匹配。同时，也要审视现在所做的事情是否符合你的能力所长。如果刚好是你的能力短板，难以取得成效，就更容易出现"逃避"和"拖延"。

三、是否拥有"健康的自我"

一个健康的自我有利于任务的完成。当尝试或努力没有取得理想的效果时，你会如何看待自己？又会如何看待别人的评价？拥有"健康的自我"的人，会看到和相信自己的价值，相信自己值得被爱，对挫折和失败有一定的承受力。他们承认自己有做不到的事情，看到并接纳自己能力的上限。如果我们内心觉得自己是"最优秀的人""无所不能的人"，有一些夸大的自我认知和想象，害怕自己达不到这种高度，就有可能停止行动，以避免"自恋受损"，这其实是一种自我保护机制。另一方面，如果自我认知偏低，觉得自己"一无是处"，就容易过度担心外界对自己的看法，因为失败或他人的否定而怀疑自我。当付出和所得能够保持平衡时，尚且可以"维持形象"；当付出和回馈无法平衡时，就会感到难以自处。

四、是否有内在深层的原因

"动不了"还可能源于我们难以在意识层面感知到的深层动力。比如，有些人看起来很想成功，但内心深处其实对成功有恐惧。因为成功意味着很多潜在的压力和责任，他们担心成功会带来想象中的灾难性后果，所以潜意识里对成功和满足有害怕。再比如，有时候我们用懒来表达对一些人和关系的渴望。也可能，懒代表着对一些人和关系的攻击，借由自己的不配合和失败来让他人无法得到满足……总之，懒的背后可能隐藏着许多复杂的内容，值得我们深入探索，而不能简单地一概而论。

以上这些思考角度仅供参考，具体问题的讨论还需要通过更深入的交流。除了理解和思考外，我们还可以从以下几个方面来开启改变：

一、给自己一点调整的空间

这种想动又动不了的状态有时是一个信号，提醒你要去照顾自己、调整自己。你可以做一些小事来提升自己的能量状态。比如寻求社会支持——好的关系可以带给我们力量，也可以让我们拥有成为自己的勇气。你可以找信任的老师和朋友交流，探索自己的位置；也可以来心理中心交流。你还可以走出去做一些运动，让自己的身体先动起来，让精力更加充沛；或者调整自己的生理状态——"懒"很多时候也有生理上的原因，比如长期熬夜会让人感到过度疲惫、精力不济。此外，你还可以做一些助人的活动或志愿服务等，去增加和这个世界能量的流动，体验价值感和收获感。总之，行动的第一步并不一定是直接去完成任务，而是关注自己的状态，让自己的能量提升起来。

二、看到自己的能力和价值

东大的同学们很多都一路走来非常优秀，进入大学后容易体验到前所未有的"失败"和"无力"。在优秀的群体中，我们更容易感到挫败和暗淡无光。因为周围的光都太耀眼了，以至于我们忘记了自己也是这些光亮中的一束光了。我们需要沉淀出稳定的自我认知，看到自己的能力和价值，欣赏自己的优势，也接纳自己的局限。这些对自己的看见、欣赏和信任不会因为外界的评价或"成败"而轻易改变。

三、寻找合适的定位和期望

事实上，我们都存在能力的天花板，也各有所长。在一些领域，我们需要探索自己的能力之所及。不妨趁此机会停下来看看自己，找到属于自己的方向，而不仅仅是追逐被外界告知的期待和目标。合理调整自我期待并不是自我放弃，而是一种适应性和灵活性的体现，也是真正切实可行的开始。此外，在设立终极目标的同时，我们也可以将任务分解，建立阶段性、可达成的小目标，让自己更加清楚下一步应该往哪里走，从而看到进步的曙光。当有所进展时，哪怕并不完美，也给自己一点鼓励。不必等到一切完美再行动，而是在行动中逐步趋近完善。

四、切换频道，开始新的循环

从现有的模式和循环中跳出来，就像打游戏一样开启一个新的模式。定好一天作为你的起点，这一天你可以和以往有一点小小的不同。比如如上所述去完成一项运动、开启一个任务，在进度条上标出进展，也可以记录你的心情和对自己的欣赏，从"下降之旅"步入"上升之旅"。

每个人都可能在人生的某一个阶段经历"懒"的时刻，借由这个时机去做更多自我探索。在"卷"的世界里拨开一片空隙，梳理自我，蓄积能量。你想成为一个怎样的人？想要一种怎样的生活？愿意付出什么样的代价？毕竟，人生在于一种和世界 battle（较量）之后的和解与自洽。

——小港

③ 我想翻盘，却身不由己

漂流瓶：

　　校园生活日复一日地枯燥无味，学习压力也如大山般沉重。好不容易熬过了一学期，却又无法回家。导师要求我继续参与课题项目，还有未完成的实验任务，真是让我感到崩溃。上学期，我拼尽全力，却依然无法赶超他人。每天熬到深夜，只为完成任务，想要给自己增添一些自信，更渴望能尽快回到温暖的家。然而，按照目前的进度来看，这个愿望似乎还遥不可及。我原本计划利用这个假期回家好好撰写论文，下学期实现华丽转身，没想到现在却还在为之前的"欠债"而忙碌。我感到郁闷至极，身心俱疲，渴望休息，却又不能停歇。如今，做任何事情都提不起精神，甚至还会莫名其妙地流泪……

——学生：想翻身的咸鱼

小港的回复

想翻身的咸鱼：

　　你好！阅读了你的来信，我深切地感受到了你的压力、郁闷、无力与沮丧。这些情绪已经在你心中积压了许久，却始终找不到释放的出口。你既无法躺平休息，也无法选择自我放弃。因此，我看到你陷入了深深的纠结之中，心里堵得慌，身体也感到疲惫不堪，但即便如此，你依然鼓足勇气，想要翻盘。在与你一起面对这些问题之前，我忍不住想要表达对你的欣赏：

首先，我欣赏你是一个对自己有高要求、有上进心的学生。面对与同学的差距，你并没有选择自暴自弃，而是想方设法地迎头赶上，付出比别人更多的努力，想要"提前起飞"，走在别人的前面。你渴望变得更好，不甘于落后，这让我看到了一个年轻人不服输的内在力量。

其次，你的坚韧也让我深受感动。虽然你在信中并未细说，但我可以想象你在过去的学期里一定遇到了许多挑战。面对压力和枯燥的生活，你依然拼命学习，熬夜至深夜。这需要极强的忍耐力、毅力和决心。你觉察到自己的状态不佳，于是给我们写来这封信，主动寻求帮助，这是一种强者的行为。

在高强度的学习和竞争中，其实很多同学的情绪都在经历着严峻的考验。尤其是刚刚过去的期末周，很多人都觉得疲惫不堪，想要休息，却都在坚持。而你，已经咬牙坚持了那么久，更是难能可贵。因此，我也非常担心你的状况。你拼命追赶，却似乎并未达到原定的目标。作为心理支撑的温暖家园暂时无法回归，取而代之的是尚未完成的实验任务。你的压力之大，可想而知。"干什么都提不起精神来""莫名流泪"，这些信号都在提醒我们，需要重视你的心理状态。请不要责怪自己不够努力，而是要看看自己的心理是否"感冒"了，是否需要暂时放下对自己的苛求，进行一些调整。

一、允许自己暂时慢行甚至暂停

我们的内心可能很难接受自己停下来，因为这打破了我们的认知和行为模式的惯性。也许一直以来，你都是以刻苦勤奋的姿态奔跑在路上，生怕落后于他人。但请记住，你并不是一个没有情感的"永动机"。

休整是为了更好地出发。不妨审视一下实验是否真的那么急迫，是否有缓冲的空间？还是说你习惯于完美地要求自己，尽快完成所有的任务？

你走得如此疲惫，是因为效率太低，还是给自己安排的任务确实过多？或许你可以趁着假期先回家放松一下，不带负罪感地去做一些让你感到快乐的事情，允许自己进行休整。

二、关爱自己，调整情绪状态

你的情绪已经几乎达到了临界点，我们不建议你再给自己增加压力，而是建议你做一些让自己放松的事情，去观照自己，调节情绪，排解心中的郁闷。比如可以通过适度运动、倾诉、绘画、书写、歌唱等方式来表达自己，不要一味忍耐和积压。你也可以寻求支持，与你信任的亲人、老师分享你的感受，或者来心理中心聊一聊，让自己被听见，而不必一个人承担所有。

放下对外界任务的无限关注，让注意力回到自身。过度的自我逼迫只会让你筋疲力尽，难以取得实际效果。先调整好自己的状态，才能更好地投入学习，进入"可持续发展"的状态。

三、停止不公平的比较，建立合理期待

我不知道你所说的"比不上别人"是指哪些方面，也不清楚你目前的状态大概处于什么位置，更不了解你的成绩具体有多么"糟糕"。但我可以感受到你对自己的不满意。每个人都有自己的特点和节奏，我们常常习惯把自己的缺点和别人的优点进行比较，也习惯和比自己"优秀"的人比较，觉得这样才是积极上进的表现。然而，很多比较其实是不全面也不公平的，更不能仅仅通过横向的有限比较来判断自己。

尝试在每时每刻都在自己有限的能力下做好所能做的事情，接受一些事情我暂时做不到，一些时候我不能"卓越"，但这些并不意味着"我不好"。在客观了解自己的基础上，对自己拥有合理的期待，并且看见自己的进步。

四、尝试欣赏自己

学习之所以会成为如此巨大的压力，是因为对一些同学来说，成绩不

仅仅是成绩本身，更是一种对自我的证明，是一种"输赢"，代表着尊严，被赋予了极大的意义。然而事实上，成绩只是我们的一部分，并不能代表我们这个人本身。我们的心态、心胸、综合素养以及我们能否拥有良好的德行、成为自己的主导者、自爱并爱人……这些因素才能决定我们能走多远。

也许现在你的成绩还不能让你感到骄傲，但作为东大的一员，在同龄人中已经是佼佼者。每个同学的基础和情况都不同，能够跟上大部队勇敢往前已经很了不起。不妨想一想，如果我邀请你说出十点你对自己的欣赏之处，你会告诉我哪些？当成绩看起来不够让人满意时，你会如何看待自己？是否能够确信自己的价值？

超车的机会并不仅限于眼前，辛苦了半年的你值得一个喘息的机会。在任何情况下，都要记得照顾好自己。理解自己会有情绪波动，允许自己不是一个"铁人"，接受自己需要休息，欣赏自己并不完美但却散发着光芒。

流泪的时候，给自己一个拥抱。如果还有困惑，心理中心随时欢迎你的到来。祝你安心！

——小港

4 室友都保研了,我却要考研

漂流瓶:

现在大家都好卷啊,呜呜。虽然我们都是同一个宿舍的,但我的舍友们都要保研了,只有我需要考研,真是压力巨大,呜呜呜。一想到考研战线长,专业课多,是大家口中辛苦且结果未知的事情,我就感到很害怕。我害怕自己的努力没有结果,害怕痛苦复习后最终只是一场空。我还感到有些沮丧,保研的同学们都很优秀,只能考研的我是不是显得有些普通?要是我之前再努力一些,再聪明一些就好了。

——学生:宿舍考研独苗苗

小港的回复

宿舍考研独苗苗:

你好呀!小港能够感受到,在这个"学霸宿舍"里,面对室友们都保研而自己需要考研的巨大压力,再加上当下"卷"的风气,这真的是对学业能力、意志力以及心理抗压能力的多重考验。但在小港眼中,你也是一名学霸。你们能在同一所优秀的学校,也许还是同一个专业,说明大家都具备一定的实力。而保研本身就是尖子中的"掐尖",名额非常有限,没有被选上的可能是大多数。接下来,我想从以下几个方面和你聊一聊。

第一，放下过度的比较。

试想，如果宿舍四个人都一起准备考研，同样需要考研的你可能会感觉好多了。一方面，我们不会觉得自己"相形见绌"；另一方面，我们也不再是"孤军奋战"。与他人，尤其是与身边人的比较，总是会给我们带来很大的压力。从小时候的"隔壁家的孩子"，到妈妈同事家的女儿，再到现在的舍友，似乎比较一直伴随着我们的成长。小港可以理解，你的难过很大一部分可能来源于你们同属一个宿舍，起点如此相似，为什么他们都可以，而自己却不行。这种想法很正常，每个人遇到这样的情境都可能产生自我怀疑，甚至还有一些"羡慕妒忌"和"不甘心"。我们可以允许自己的失落，适当学习他人的长处，但不必沉浸于这样的比较，更不必妄自菲薄。人与人之间可以比较的维度非常多元，保研与否并不是优秀的唯一标准，是否读研更不是评价你们孰优孰劣的指标。舍友们很优秀，但你也不差。

第二，建立自我的价值体系。

会产生这样的自我怀疑，是因为舍友的集体保研容易激发我们内心不够自信的部分。我们容易觉得保研的就是更厉害，保研约等于更聪明，而考研的就是努力的普通人，万一没考上就意味着更加失败。其实，这样的想法很不公平。不管是保研还是考研，都需要付出很多努力，面对激烈的竞争。舍友们都已保研，也并不代表读研是你的唯一出路，或者说你一定要读研才能证明自己。我们在通往研究生学习的道路上，有人顺畅，有人不如意，这并不代表我们的智慧或人生分出了高低。看到自己的闪光点，找到发自内心的热爱，建立起自我的价值体系，就不容易被外界带跑。

第三，思考自己的人生目标。

不妨思考一下，你为什么要考研？换一个角度，如果你遇到三个毕不了业被迫退学的舍友（当然，我们不希望有这么惨的宿舍和舍友），你依然会选择考研吗？考研的决定也许并不会因为你舍友的状态而发生改变。别人优秀不代表你不优秀，同样，如果别人不够优秀，我们也不必沾沾自喜、故步自封。我们要做的只是过好自己的人生。舍友保研是他们的精彩，而选择考研也是独属于你的勇气和挑战。这证明你的目标是清晰的，你知道自己想要什么，值得给自己一片掌声。

第四，放下对未知的恐惧。

考研之路确实充满崎岖，尤其当下大家纷纷选择深造，竞争异常激烈。保研就像吃了定心丸，而考研还需要面对很多未知。面对内心的担心和害怕，我们可以看看自己是否把读研当成了人生唯一的选择，或者评价自己成功与失败、聪明与愚笨的唯一标准。考研是一段人生的旅途，过程即风景。目的地可能通向高山，也可能通往大海。当今社会，技术人才相对饱和，而许多其他职业却有很大的缺口。除了读研这座独木桥，我们也可以思考其他的路径和选择，让自己的人生之路更加宽广，而不必仅仅在卷学历的路上一站到底。

第五，投入行动而非内耗。

当我们拥有尽力而为但不孤注一掷的心态，建立起自信，就能以更好的状态投入行动。除了三位保研的舍友，还有很多考研的同学在面对和你一样的"辛苦和未知"。这个过程也是一种人生的体验。不妨找到这些盟友，共同分享资源，相互鼓励，结伴而行。考研自习室里充满了奋斗的气息。置身于不一样的场景，你会发现自己并不孤单。

放眼去看更大的世界，我们有很多选择和机会；放眼去看我们的一生，眼下的保研或者考研只是一个节点的差异，而人生的旷野还有很长的路要走。我们唯一能做的就是过好当下，尽到自己的努力，减少无谓的内耗，找到适合自己的目标，思考如何提高效率，不再后悔此刻的"不够努力"。

考研是一场持久战，这条路上有许多大大小小的困难。越到后期，大家能复习的内容都差不多。这个时候，最需要的是坚持到底的勇气。如果勇敢是你的选择，就把它当成人生的一次历练，用心去做吧！祝你成功！

——小港

5 备考压力如何排解

漂流瓶：

你好！我想通过这个平台写一点我最近的想法。因为今年我在准备考研，而且还是跨考，所以本身压力有点大。再加上我是家里第一个考研的，家长对我的期待也很大，我就觉得压力更大了。可是最近我的学习状态不太好，总感觉静不下心，看不进去书。有时候心情也莫名不太好。所以想向你倾诉一下，再请教一下如何自己排解这些压力，调节自己的心情。

——学生：一只大鸭梨

小港的回复

一只大鸭梨：

你好呀！读完你的来信，我能体会到你的焦虑与纠结。考研是一个巨大的工程，确实需要我们投入很大的精力。尤其是对于跨考的同学来说，难度系数又增加了很多。我能感受到你和家人都很看重考研这件事，并且很欣赏你能写信来倾诉。对考研这场持久战，我们一起看看如何更好地应对。

一、识别压力的来源

1. 来自父母期待的压力。跨考本身就是一件压力很大的事情，而作为家里第一个考研的人，你正如自己所说，被寄予了很大的期待。这份期待承载着鼓励与肯定，但对于有责任感、在意家人感受的你来说，也成为一种不可忽视的压力。很多时候，我们会因为达不到家人的期待而自责内疚。我们也许可以接受自己的"失败"，却无法忍受让他们失望。不知道你和家人的互动情况如何，如果能比较好地沟通，可以尝试和家人交流，听听他们真正的期待是什么，也可以告诉他们你感受到的压力与担忧，以及对于考研的看法等，看是否可以化解一部分由期待带来的过度压力。如果无法比较好地沟通，我们需要合理地看待来自家人的期待，尽到努力为自己的人生负责，也就问心无愧了。

2. 将考研视为自己唯一的选项。安静下来想一想，你对自己人生的规划是怎样的？如果这次考研失败，你可以做些什么？除了这次考研，我们并非别无选择。我们常容易把考试的成败和自身的价值紧密相连，认为考试不仅关乎我们能否升学，更关乎自尊。但成绩并不能代表你本身，也无法决定你所有的未来。说这些并不是要我们无须努力，而是不必太过苛求。不管父母如何看待，希望我们可以看到自身的价值以及人生的很多种可能。

二、合理应对压力

斯坦福大学教授 Kelly 的研究发现，最幸福的人并不是没有压力的人，而是那些压力大，但把压力看作朋友的人。这样的压力是生活的动力，也让我们的生活更有意义。放下过度的压力，和压力成为朋友，让它成为我们的助力。

1. 看到自身的压力是很重要的第一步，你已经做得很好了。当我们感受到压力时，不逃避它，而是允许自己去感知它如何影响我们的身体、情绪和生活。

2. 接纳压力，意识到压力是我们对在意的事物的正常反应，适当的压力可以帮助我们把事情做得更好，不要把压力当成敌人。

3. 合理应对压力，寻找适合自己的应对压力的方式，运用压力带给我们的积极能量。除了上述认知的调整，还有几个可能适用的方法推荐给你：（1）倾诉（你已经在做了），可以找经历过考研的人去交流，看他们当时是如何应对的；也可以找辅导员老师交流，他们见证了很多的考研历程；如果有需要，还可以寻求心理咨询的支持。（2）运动，复习考研大多是一个静态的过程，可以通过适量运动调整状态，在消减压力的同时让自己更有能量。（3）放松情绪，用一些你喜欢的方式给自己固定的放松时间，比如听歌、写日记、涂鸦、走近大自然、撸猫等等；也可以通过正念、冥想等方式放空自己，以更平和的心态面对压力。除了缓解压力，正念也有助于我们提高专注力，可以尝试练习看是否适合自己。（4）寻找考研小伙伴，如果可以的话，找到一同备考的小伙伴，相互支持、相互鼓励，成为彼此的"精神支柱"。

三、进入正性循环

我们往往会对心里没有底的事情更容易感到焦虑。可以给自己制定一个整体规划，理清自己的目标是什么，并确保切实可行。然后分解目标，进行合理的时间规划。这个部分大家都是行家，我就不多说啦。但是要注意，不仅需要规划学习的时间，也需要规划休整的时间，开始有节律的生活。当某天状态不佳、做不好的时候，不要自我攻击，而是去寻找原因、调整状态，避免进入"状态不好—焦虑—自责内疚难过—压力更大—状态更不好"的恶性循环。让自己进入正性循环，哪怕刚开始速度慢一点。当我们感受到自己在朝着既定的目标不断前进时，就会有一种安定感，也容易产生成就感。

虽然每年的考研大军数目庞大，但对大部分人来说考研是一段孤独的旅程，伴随着压力、辛酸、自我怀疑以及不时燃起的勇气。这些没有真正经历过的人很难完全体会。而我相信，当你走过这段旅途，你所收获的最重要的东西不是考研的成绩，而是更坚强、更有力量的自己。祝好！

——小港

第二章

迷茫与焦虑中,拥抱生活的勇气

人生旅途中的那些焦虑和迷茫,就像灰色的天空里淡淡的亮,引领我们重新审视内心,看到自己的渴望,拥抱这个并不完美但无比温柔的世界。

⑥ 我该如何寻觅生活的真谛

漂流瓶：

　　其实并无特别令人难过之事，只是感到非常迷茫。我对自己并无过高要求，成绩中等偏上即可，作业完成便罢。社团活动于我而言，了无生趣。手机似乎也失去了魅力。空闲时间一大把，却不知如何打发。兴趣爱好寥寥，这种无趣的日子已持续许久。我毫无目标，感觉每天都是在"混日子"，一大早起来也没有动力。我知道自己存在很多不足，却安于现状。我羡慕那些努力且收获颇丰的人，但又觉得他们太过功利，而且他们过得那么累，难道自己就不能简单地追求快乐吗？每天就这样在迷茫与纠结中度过，生活似乎失去了意义。

——学生：木木

小港的回复

木木：

　　你好！看完你的来信，我感受到了你的迷茫与纠结。生活似乎陷入平淡无奇的循环，你如同一台完成任务的机器人，提不起劲儿来，不知道该何去何从。这种迷茫弥漫在每一天，虽不致命，却让人深感空虚与难受。

　　我欣赏你能对自己的状态进行反思，并为此感到担忧。真正可怕的不是迷茫与纠结，而是浑然不觉地得过且过。我们之所以迷茫，往往是因为正处于人生的转折期，对过去的认知、行为模式或评价标准感到不再适用，而新的、更适合的模式尚未建立。我们清楚自己不要什么，却不知自己要追求什么，因此感到空虚。这是一个改变的阵痛期，也是一个需要重整旗鼓的过程。

同时，这也是一个契机，预示着新的开始。我能感受到你渴望摆脱这种"混日子"的状态，寻找一种"有意义"的生活方式，让人生更加充实。在此之前，我想与你分享一个词——"连接"。

一、与自我的连接

我注意到你似乎并不清楚自己喜欢什么、想要什么。当我们无法触及真实的自我时，就很难对所做的事情产生热爱。因为意义与乐趣，更多是对外界的感知，而这种感知应建立在自我感知的基础之上。唯有对自己的感受更加清晰而敏锐，我们才能在外界的纷繁中做出更为准确的判断与选择。因此，我们需要更多与自己相处，尝试描绘自己，看能否勾勒出一个清晰鲜活的形象；做事时，能否察觉自己的情绪、意愿、需求与期待；能否欣赏自己，看到自己的价值所在，而非仅以外在的成绩作为评判标准。若你感到这些难以做到，不妨给自己一些时间，慢慢探索这条自我发现之路。

请关照好自己，留意是否有持续的情绪低落，以及近期的饮食与睡眠状况是否良好。若长时间心情低落，不妨去学校心理中心寻求咨询老师的帮助。

二、与未来的连接

信中你提到"没有目标"，长久以来，我们过于关注成绩，却很少思考自己真正想要的生活。不妨想象一下，十年后的自己，你期望成为怎样的人？从事何种工作？身处何地？与谁相伴？如何度过每一天？为了达到这样的状态，五年后的你、大学毕业时的你又是如何？此刻，你需要做些什么来为未来做准备？请静下心来，思考自己的目标——远期与近期，与未来的自己建立连接，你将拥有更清晰的前进方向。

三、与他人的连接

信中你提到很难感受到生活的乐趣。不妨回想一下，从小到大，做哪些事情时你会感到开心、体验到价值？将这些带给你快乐与成就感的瞬间一一记录下来，细细品味，或许能从中发现你的兴趣所在。此外，与志同道合的朋友多交流，或尝试结交热爱生活的朋友，共同体验有趣的活动，这些都有助于你寻找乐趣。若你觉得这些都难以起步，不妨从每天做一件小事开始，一件能够传递善意与温暖的小事。爱是我们体验意义感的一种方式。或许一开始你并无太多感觉，但请坚持下去，增加与他人的连接，看看是否会有所改变。

四、与纠结的连接

我注意到你内心的矛盾与纠结。一部分的你想要"安于现状"，而另一部分的你又看到自己的不足，渴望变得更好。不妨先和这样的自己待在一起，不反抗也不自责。给自己一点时间与空间去厘清思路，看看你的纠结到底来自哪里，是对未来压力的担心，和他人比较的相形见绌，还是努力后可能失败的恐惧。此外，努力并非全然出于功利之心，也可以是为了真诚地做自己，完善自我与追求快乐之间并非水火不容。处理好内心的纠结，找到真正适合自己的状态。无论你选择安然度过还是努力进取，都要尽情享受属于你的大学时光。

意义感是一种连接——与一切人、事物的连接。朋友、兴趣、信念……都可以成为我们与世界相连的通道。通道越宽敞、越通畅，我们的内心就会越饱满、越安定。给自己一点时间，从爱自己开始，进而爱家人、爱朋友、爱生命、爱学业……在体验中感受存在的价值。活出意义感,便是活出了自己的人生。

若在此过程中遇到困难,不妨来心理中心寻求帮助,与心理老师建立连接。祝你一切顺利!

——小港

大类专业分流引发的迷茫

漂流瓶：

  我即将面临大类的专业分流选择。高中时期，我作为一名理科生，如今却置身于文科实验班。对于文科相关专业，我此前既无了解也无个人见解，因此对此次分流感到十分迷茫。尽管我试图去了解各个细分专业，并对其中几个产生了一丝好感，但这种好感并不强烈，不足以让我做出决定。对于未来将要从事何种工作，我同样没有明确的规划。我真的不知道我的人生该何去何从。

——学生：迷茫的风

小港的回复

迷茫的风：

  你好！选择专业确实是人生中的一大重要决策，它不仅关乎你当前的学习生活，更与你的未来发展方向紧密相连。我很高兴看到你正在认真思考这个问题，并且已经采取行动去了解相关专业，甚至细致地区分了自己的好感与真正喜欢之间的差异。这种对自己负责的态度值得赞赏。

  在我们的成长历程中，很多同学缺乏自主选择的经验。我们往往被安排、被推动着做出决定，而很少有机会去思考自己真正想要什么。因此，你此刻的迷茫是可以理解的，它也标志着探索之旅的开始。下面，我们一起来探讨如何在大类专业分流中做出适合自己的选择。

第一，深入了解专业真相。

你在信中提到，作为理科生，你选择了文科专业，并对即将到来的专业分流感到迷茫。我相信你做出这个跨度较大的选择一定有很重要的原因。我为你勇于尝试新领域、不逃避问题的精神感到高兴。然而，在尝试了解这个陌生领域的过程中，你似乎并未找到真正让自己心动的专业，因此陷入了两难境地。

当我们处于迷茫状态或者面临与以往顺风顺水截然不同的处境时，很容易觉得自己是一个失败者。但实际上，你所面临的情况正是许多大学生都会遇到的困境——"面对不那么了解甚至不感兴趣的专业，我该怎么办？"。在真正接触专业学习之前，我们对专业的认知往往停留在表面，容易受专业名称和个人想象的影响，从而难以做出准确判断。进入实际学习之后，有同学会感到大失所望，甚至感到上当受骗。因此，在选择专业之前，我建议你对专业进行更加深入的了解，包括专业内容、学习科目、培养方案以及就业方向等。

幸运的是，我们已经身处大学校园，可以充分利用身边的资源。虽然专业分流迫在眉睫，可能来不及通过听课、实习等方式亲身体验，但我们仍然可以通过间接途径来了解专业。比如，你可以与辅导员老师沟通，了解每个专业的课程设置和历年就业去向；与专业课老师交流，听取他们对领域学习的介绍和发展现状的分析；与学长学姐沟通，聆听他们的学习经验和实践经历；还可以查阅相关教材和线上课程，以便更全面地了解专业学习内容。我很高兴看到你已经开始尝试了解，建议你进行更多的沟通和体验，通过这些真实的了解，你或许能做出更加准确的判断。

第二，深入了解自己。

在了解专业的同时，我们也需要更加清晰地认识自己。这包括我们的兴趣所在、能力特长、性格特点以及价值观等。

如果你对自己的兴趣还不太清楚，可以尝试回忆从小到大让你热爱、带给你快乐的事情。找一个安静的时间和空间，放松身心，深呼吸，然后回忆三个让你感到特别愉快甚至忘我的时刻。仔细回想当时的场景细节和你的感受，看看是什么让你感到幸福。接着，思考这些兴趣与你的专业选择有何关联。

除了对兴趣的进一步探索外，我们还可以对自己的能力进行梳理。你可以尝试书写"成就故事"，选择你喜欢且让你感到自豪的事情作为成就事件，并书写以下内容：1. 你需要完成的任务是什么？2. 你面临的障碍、限制和困难有哪些？3. 你是如何一步步克服障碍、达成目标的？4. 你取得了什么成就？尽可能多地书写成就故事，然后分析你在其中运用了哪些技能，并思考这些技能与你的专业选择有何关联。当然，我们也需要认识到自己的不足之处是否会对专业学习产生严重影响。

在遇到困难时，不妨寻求家人、朋友和老师的帮助。通过相关专业测验等方式来更好地了解自己。

第三，以发展的眼光选择专业。

选择专业并非一蹴而就的事情，而是我们职业生涯发展中的一个重要节点。除了考虑自身特点和专业内容外，我们还需要结合未来的就业和发展前景。设想一下几年后的自己能为社会提供哪些价值？你可以进行一些调研工作，比如搜索招聘信息、了解招聘岗位需求量、招聘要求以及薪资待遇等；还可以访谈职场人士、倾听他们职业发展的心路历程；同时考虑专业未来的发展是否符合你对未来的期待。

职业发展规划是一个终身的过程，一切都在不断发展和变化之中。虽然很难找到一个完美符合我们所有想象的选项，但参考以上三点建议可以帮助我们尽可能规避不合适的选择并找到相对清晰的答案。当然，影响因素还有很多。如果你仍然感到困惑，欢迎预约心理咨询或前往校就业指导中心进行生涯咨询，与老师深入讨论。期待你能够早日找到自己的方向！

——小港

8 就要考研了,我感到焦虑

漂流瓶:

　　距离考研仅剩三天,尽管我已备考多时,但一想到即将踏入考场,心中仍不免感到慌乱和焦虑,睡眠质量也大打折扣。今年的竞争尤为激烈,备考人数众多,我生怕自己会成为陪跑者。我真的非常担心自己无法考上,害怕自己的努力付诸东流,更不敢想象如果失败,我该如何面对。

——学生:追梦人

小港的回复

追梦人:

　　你好!距离考研仅剩三天了,感谢你在这个关键时刻给我来信。也请你感谢自己,感谢自己长久以来的坚持与努力,感谢自己在追梦路上付出的辛勤与汗水,更感谢你勇敢地面对这一挑战,整装待发,准备踏上考研的征途。

　　面对考研这一重大考试,许多同学都会感到焦虑,你的心慌与担忧都是再正常不过的现象。考试焦虑的表现多种多样,在情绪上可能表现为紧张、害怕、无助等;在身体上可能出现失眠、出汗、手抖、心跳加速、肠胃不适等症状;在认知上则可能导致注意力难以集中、记忆力下降、头脑一片空白等。相信这些并非你独有的体验。在考试前夕，我们不妨一起来探讨如何应对重要考试前的焦虑。

我们容易对焦虑充满恐惧，但事实上，适度的焦虑对考试发挥是有益的，只有过度的焦虑才会产生不利影响。如果你此刻感到异常焦虑，可以从以下几个层面进行调整：

1. 认知层面

对于考研存在的诸多担忧，我们首先要放下对未知失败的假设和恐惧。

（1）专注自我。别再纠结未完成的计划，更不要与他人盲目攀比。即便在考试中遇到难题，也要保持镇定，专注于自身，不自责、不内耗，以平稳的心态积极应对。

（2）摒弃过度担忧。考试包含诸多偶然因素，并非我们所能完全掌控。将注意力集中在考试本身，不做无谓的设想，如"没考上怎么办？"当这样的念头浮现时，问一问自己，这个想法是真的吗？对我有帮助吗？如果答案是否定的，那么请温柔而坚定地告诉自己："谢谢提醒，但请停下来。"

（3）坚信自我价值。看到焦虑背后的担忧，是担心自己不如他人、害怕让父母失望，还是担心未来前途渺茫。不要将自我价值与考试成绩紧密捆绑，一次失败并不能定义你的人生。保有对自我的接纳与肯定，相信人生旅程充满无限可能，即使考试失败也不代表世界末日，我们依然有不同的路可以走。同时，也要正确看待他人的期待，给自己更多的鼓励与宽容。

（4）积极的心理暗示。给自己积极的心理暗示，满怀信心地走进考场，是考试的最佳状态。告诉自己："我相信我能做好，我能行！"

2. 情绪层面

面对重视的事情，人们往往容易产生焦虑情绪，这是正常的。压抑焦虑情绪往往适得其反，学会看见、接纳焦虑，是与焦虑和谐相处的第一步。以下是一些便于操作的方法，考前焦虑时不妨一试。

（1）写下你的焦虑。研究表明，考前写下关于考试的焦虑情绪，能有效提高考试成绩并缓解焦虑。当你感到焦虑时，试着去体会内心的感受，在纸上写下所有担忧和焦虑的念头，如"我担心考不好"。将这些念头表达出来，让焦虑情绪得到释放，不再占据你的大脑。

（2）进行放松训练。放松训练的方法包括深呼吸法、肌肉放松法和想象放松法等。其中，深呼吸法是一种简便有效的放松方式。练习时让双肩自然下垂，闭上双眼，然后缓慢而深深地用鼻子吸气，吸足后用嘴巴缓缓呼出。呼气时告诉自己："我现在很放松、很舒服。"5～10分钟的呼吸放松练习，能帮助你平静下来，摆脱焦虑。

（3）正念呼吸训练。正念练习强调对当下内外部刺激的持续注意和不加评判的接纳。从正念呼吸练习开始，闭上眼睛，将注意力集中在自己的身体上，专注于自己的呼吸。在鼻孔附近或腹部感受呼吸的感觉，吸气时清楚地感知正在吸气，呼气时清楚地感知正在呼气。一旦注意力飘散，不要评判和指责自己，而是温柔而坚定地将注意力拉回到呼吸上。建议搜索专业的正念练习指导音频，跟着音频练习5～10分钟，能让你的身体和心灵恢复宁静，同时感到精力充沛、头脑清醒。

3. 行为层面

最后，考试期间别忘了照顾好自己。

（1）确保充足睡眠。保证充足的睡眠是考试成功的关键。如果这两天睡眠不佳，也不必过于焦虑。告诉自己一两天的失眠并不会影响考试表现，我们的身体具有强大的调节能力。

（2）保持清淡且规律的饮食。选择清淡易消化的食物，保护肠胃健康。保持饮食规律，确保拥有充沛的精力应对考试。

（3）准备考试相关物品。提前准备好考试所需的物品，熟悉考试流程，让自己内心更加踏实。

（4）合理倾诉寻求支持。与信任的老师、亲人或朋友分享你的担忧和焦虑，听听他们的意见和建议，调整认知并缓解压力。

考研是一场个人的征程，没有绝对的成功与失败之分，也不代表人生的最终定局。保持一颗平常心，告诉自己尽到最大努力就是胜利，只为当我们回顾往事时，没有后悔和遗憾。

睡前记得告诉自己："我可以！"追梦人，小港祝你考研顺利上岸！也祝愿所有考研学子一切顺利、阳光万里！

——小港

感觉自己在虚度光阴

漂流瓶：

　　保研结束后的大四，我拥有了可以自由支配的时间，想给自己放个假，去体验前三年未曾有过的生活。最近，我读了课外书，做了运动，也看了经典影片，但似乎并没有获得什么具体的、肉眼可见的收获，不像绩点、奖项那样能给予即时的反馈。因此，我还是会觉得自己在虚度光阴。道理我都懂，但还是难免会感到烦躁和焦虑。在这无法出校的日子里，我该如何让自己快乐起来呢？

——学生：风吹麦浪

小港的回复

风吹麦浪：

　　你好！感谢你的来信。小港也曾经历过保研后的那段自由时光，非常理解你的心情。当下的出行可能并不那么自由，但我很欣赏你，在有限的条件下尽力充实自己的生活。读一本好书，看一部好电影，都是在间接地拓展我们的生命体验；而运动，更是提升生命品质最直接有效的方式之一。然而即便如此，你依然感到烦躁和焦虑。对此，我想从以下几个方面和你聊一聊。

　　第一，接纳不同的情绪。

　　当一些美好的愿望无法实现时，我们难免会感到失落。对于有自我要求的同学来说，一边"虚度光阴"，一边又找不到好的解决办法，因此产生无助、烦躁和焦虑的情绪是非常正常和合理的。我们常常强调快乐，追求快乐，但快乐并非一条没有波动的直线。有时候，我们确实会经历到一些不同的情绪色彩，因为无奈和无常本就是人生的一部分。我们虽不追求它们，却可以轻轻地拥抱它们。万物负阴而抱阳，有快乐就会有悲伤，有美好也会有遗憾。正是负面情绪的存在，才让我们更加珍惜快乐和美好的时光；同时，那些悲伤、不安的体验也并非毫无意义，它们在向我们传递重要的信息。我们能做的，就是接纳那些丰富的情绪感受，看到情绪背后的需求和渴望。

第二，理解自己的焦虑。

时间的流逝本身就会带给我们焦虑。看起来你的焦虑来源于出不了学校，没有肉眼可见的获得感，而本质上来源于随着时间的逝去，你没有成为"足够好"的自己。我们这一生要去实现和体验的东西有很多，但时间却是有限的。近几年，很多同学都会感觉"自己的青春被疫情耽误了"，原本可以和舍友出行旅游，可以和校外的朋友小聚，可以走遍大街小巷感受城市的魅力，心愿清单里的美术展、音乐会也可以一一实现……但在忙于学业的时候，可能并没有那么在意这些缺失。保研后有了闲暇的时间，却突然发现自己的大学生活就这样匆匆度过了，难免会对此感到焦虑。时间不可控制地流逝，但我们却没有按照心之所想成为期待中的自己，于是渴望更多证明来抵抗这种失去的焦虑。面对这种遗憾和失望时，我们需要对自己有真正的接纳、满意和欣赏；同时，也需要对世界有真正的理解、接纳甚至感恩。这样，我们慢慢也就不需要等价的补偿来对抗这种焦虑了。

第三，明确想要的获得。

在成长过程中，我们习惯了被安排各种任务，习惯了有人告诉我们去追求什么、去获得什么。但在完成阶段目标迈向下一个阶段的"时间缝隙"中，我们往往会找不到重心，暂时失去了目标。这就需要我们不断与自己连接，去感受内心的渴望。

静下心来思考一下，这段时间你真正期待获得的是什么？如果你是想给自己放个假，那么读书、运动都是放松自我的方式，不妨就去享受这个放松的过程，让自己更加充满活力。如果你的期待是获得更多学习和成长，那么可以具体化到哪个部分的成长——是技能提升、内在丰富，还是提前进入课题组学习等——然后行动起来。此外，你可以设立并完成小目标来增加获得感，还可以在输入后增加输出的环节，让获得变得"肉眼可见"。比如，你可以给自己设定一个练出马甲线的小目标，并进行运动打卡；也可以尝试做读书笔记、写影评；还可以参加读书小组、运动团体等，收获新的友谊。明确自己想要的获得，会让你更容易感到满足。

第四，认识新的"获得"。

也许我们内心的渴望和不自觉出现的慌乱让我们无所适从。我们习惯了追求客观的成绩、进步、荣誉等"肉眼可见"的"有用的东西"，用它们来衡量自己是否在做有用的事情。然而，除了这些，"获得"还可以是某种情绪、某段经历、和某人（包括自己）共度的时间等"肉眼不可见"的"无用的智慧"。一些内心的获得感不容易显现，需要我们打破原来的认知，用心体验，从另一个维度去感受生活的意义和价值。

此外，"山水就在那里，不管何时何地，只要我们愿意前往，就可以短暂恢复青春。"其实我们身边就有很多可以让人有所"获得"的事物。比如，从来没听过的相声大会；从来没去过的交院咖啡厅和花漾咖啡厅；向大一学弟学妹打听一下，然后偷偷去听一节曾经抢课被抢爆的选修课；把积灰已久的相机拿出来练手，给舍友、朋友、宿管阿姨或者其他陌生人拍照……这都可以是"体验前三年没有体验的生活"。如果你是保研到外校，那么可以珍惜在这个校园的时光，和小伙伴们一起好好逛逛校园，这也会是一段美好的回忆。

在世界的无限性面前，我们会遇到很多不可行和不可控的事情。当世界不随我们的意愿运作时，不内耗的方式是接纳不能改变的部分，认真做好自己能做的，并且真诚地欣赏自己的所为。

最后，祝贺你保研成功！也祝愿这一段时光能成为你安然享受的美好回忆。

——小港

10 拥抱生活的勇气

漂流瓶：

　　我是一个没有任何用处的废物。没有亮眼的成绩，没有出众的外表，没有证明自己能力的奖项，奖学金评不上，比赛都在陪跑。在别人的眼里，我或许是一个一无是处的废物吧，至少我自己是这么认为的。好像不管干什么都只有失败，也不会有人在乎。而有些人各种奖项、奖学金唾手可得，荣誉大满贯，我真的什么都不是。像我这样的人，未来何去何从呢？

——学生：无用的废物

小港的回复

一个未发现自己光芒的小可爱：

　　你好！收到你的来信，小港心里很不是滋味。你把自己描述成一个"没有任何用处的废物"，经历了许多失败，对生活充满了无望。我相信，你一定经历过很多难过和失望的时刻。但同时，我也感受到了你的力量。虽然你看起来并不出彩，但一直在努力前行的路上，追寻着生命的意义。这样的你，其实让人非常敬佩。

　　谢谢你给我写这封信，让我感受到了被信任。同时，也让我思考了生活中的种种挑战以及我们所需要的勇气。我想起曾经遇到的一些人，他们诉说着自己的失败和气馁,认为自己"毫无价值",找不到活着的意义。但在我的眼里,他们分明闪着光,有着各自独特的"可爱"之处。那个哭泣的女孩,战胜了很多不为人知的艰难,才坚持到此时此地。我看到她充满泪水的双眸里,闪烁着坚韧的光芒。那个落寞的男生,有着辉煌的曾经,落日的余晖勾勒出他的脸庞,我感受到他内在的力量,仿佛一头沉睡的雄狮即将觉醒。

因此,我无法相信,我所见到的任何一个人,可以用"废物"来形容。除非他自己选择了这样的标签,或者他没有看到真正的自己。生活的道路曲折多变,尤其在逆境中,要保持对自己价值的认识和肯定,并非易事。奋斗和追求并不足够,我们还需要拥抱生活的勇气,在自我成长的道路上披荆斩棘,最终与自己和解,收获属于自己的人生。

今天,借着你的来信,我们一起聊一聊拥抱生活的勇气。

一、面对失败的勇气

不知不觉,"卷"已经成为我们耳熟能详的字眼。随着竞争的日益激烈,我们越来越难以保持"优异"。在一些人眼里,"优异"意味着领先的成绩、突出的才能、让人羡慕的履历,意味着被人认可和喜欢,获得鲜花和掌声。

过去的顺利和优异的成绩,容易给我们一种错觉,觉得自己是特别的那一个,也容易对自己抱有过高的期待。同时,表现优异的同学往往更容易被关注,他们的事迹会被报道和宣传,这让我们容易忘记,除了这些特别优异者以外,更多的是普通平凡的大学生。

作为一个"普通人",人生的必经之路之一是发现:我不行。并不像鸡汤里说的,只要努力就可以做到所有。有缺点、有不足、会失败,才是真实的人生。

面对失败是需要勇气的。如果什么都不做,什么都不说,那就不会得到任何反馈,自然也不会有失败的风险。但那样,也丧失了生命的活力。

敢于面对失败并不是厚颜无耻，而是不因失败过度否定自己，拥有重新开始的勇气。谁没有过失败？谁没有感受过自己的无能呢？每个人都会面临低谷期，会遇到迷茫、困惑和恐惧。我也曾细数自己从小到大经历过的挫败和失落，写下来估计可以整理出一本书。我也曾对自己产生过怀疑，但慢慢终于找到了平衡，越来越认清自己，多了对自己和对世界的温柔。我接纳了自己在面对强大现实时力量的渺小，但仍然会保持信心去挑战生命的新高度。正是因为"失败"，我们学会了谦卑，学会了对世界的敬畏，也学会了真正认知自己，感受到作为一个生命的丰富、脆弱和强大。

拥有面对失败的勇气，我们可以做到以下几点：

1. 检视对自己的要求和期待是否合理，给自己设置适当的目标；
2. 不与他人做太多比较，去发现属于自己的价值；
3. 对失败有合理的认知，明白失败是人生的常态，并不是"废物"的证明；
4. 接纳自己的有限性，不因失败过度否定自己，能够与失败共处，并从中学习；
5. 全面看待自己，不因某一方面的失败而全盘否定自己。

要做到这些，需要我们有强大的内心力量，对自己抱有接纳和欣赏。

二、欣赏自我的勇气

如果你所看到的自己一无是处，无法停止对自己的否定，那么很可能不是你出了问题，而是你看待自己的方式出了问题。用负面的思维看待自己，会容易把信息往负面的方向去理解，难以相信别人对自己的肯定。同时，也容易倾向欣赏他人的优点，放大别人的优秀，并拿它们与自己的不足作比较，从而感到无地自容。这样的方式会对自己造成无形的伤害。

那么我们为什么倾向于用苛刻、批评的眼光看待自己呢？也许是因为在成长过程中受到的负性评价更多，很少感受到真正被欣赏；也许我们感受到的夸奖都与外在的"成功"有关，觉得只有足够优秀才值得被爱……

一旦我们丧失了欣赏自己的目光，就变得对自己更加苛求，需要外在的成绩和奖项来证明自己，从而给自己带来巨大的压力。而越是担心自己不够好，内心越是敏感，也越在意外界的反馈，容易变得被动、担心、焦虑，这不利于我们展现自己的长处，从而形成"恶性循环"。

拥有欣赏自我的勇气，我们可以做到以下几点：

1. 从现在开始，做一个决定，改变原来的目光，尝试去欣赏自己；

2. 思考自己有哪些值得欣赏的地方，并把它们写下来。比如对自己外貌的欣赏——不需要完美才可以被欣赏，只需要你认为值得欣赏即可，如"小眼睛也可以很有特色"，"小虎牙也可以很可爱"；对自己性格的欣赏——一些你不在意的东西正是生命的可贵之处，比如真诚、善良、正直……也看到你的努力、坚持、勇敢……这些并非不值一提；对自己能力的欣赏——你身上一定会有一些更为突出的能力，也许它们算不上卓越，但是依然值得被欣赏，比如"组织能力""共情能力""动手操作能力"等；

3. 回忆过去的生活中让你觉得有成就感的事情，看看在这些事情中你有哪些值得欣赏的地方；

4. 给自己积极的自我暗示，用"我是一个可爱的人，我会慢慢发现自己的可爱之处"来替代"我是一个废物"。

每个生命本身都拥有它的独特密码，看到它也许并不容易，但我们可以先相信它的存在。

三、被讨厌的勇气

日本哲学家岸见一郎和古贺史健写了一本书，叫作《被讨厌的勇气》，这本书阐释了心理学"三巨头"之一的阿德勒的哲学思想，教我们学习"被讨厌"的智慧。

我们常常担心别人会如何看待我们，这份担心让我们徘徊犹豫、自我损耗。不担心被讨厌，并不是说我们可以不顾及他人、以自我为中心，而是我们可以跳脱出别人的观点和评价，拥有自己的喜好和选择。把自己和他人区分开来，自己想要做什么和别人想要做什么都是个体的选择，并不一定随他人的意志为转移。因此，不必强求他人的态度和观点，也不要强求自己符合每个人的期待。没有人可以承担另一个生命所要体验的喜怒哀乐，没有人比你更懂得自己。

这个世界的包容和多元让我们每个人都可以建立自己的生活方式和态度。只要我们能真正为自己负责，就可以放下对他人眼光的恐惧。

拥有被讨厌的勇气，我们可以做到以下几点：

1. 如前所述，拥有欣赏自我的力量。

2. 认识到每个人都有自己的性格、处事方式、人生经历，不过度在意他人的看法和评价。适当听取他人的提醒和建议，给自己设立边界。

3. 走出自己的小世界，尝试和他人交谈。你会发现很多人都有"废物"的时刻，都有被批评、拒绝和不被喜欢的经历。每个人都曾经面临自己的艰难，也有着自己的精彩。

4. 尝试拥有1~2个可以交心的亲人或者朋友，建立安全信任的关系，让你感到放松、被接纳（如果现在没有不用着急，可以慢慢学习建立）。

拥有被讨厌的勇气，也就拥有了活出自己的力量。

四、爱和被爱的勇气

爱和被爱都需要勇气。它们能让我们与世界产生深深的连接，这份连接增加了生命的厚度，也充实了生命的意义。

有人可能会觉得爱的勇气容易理解，但被爱也需要勇气吗？当然。能够说出内心的需求，坦然接纳别人的喜欢和爱，是需要力量的，所以我们常说求助是强者的行为。一些时候我们拒绝被爱或者拒绝寻求爱，可能因为这是一种很不熟悉的体验。也许曾经我们感受到过冷漠、求爱而不得，让我们失去了信心。但请相信你值得被珍视，一定会有人在意你的喜怒哀乐，至少我们可以坚定地爱自己。也可能因为害怕给别人带去麻烦而不敢表达，其实不用太过担心，要相信对方有能力为自己的选择负责。给予爱和收获爱都是我们的需要，能量就是这样不断流通的。

拥有爱和被爱的勇气我们可以做到以下几点：

1. 首先爱自己。前文所说的欣赏自己、为自己设立边界都是爱自己的方式。

2. 尝试给自己充电。获取能量的方式有很多，比如看书、倾诉、拥抱自然、撸猫、运动等等。去做那些能带给你好的体验的事情，在做这些事情的时候尝试专注在此时此地，享受这件事情本身。当你的思维飘走时，不需要评判自己，只需温柔而坚定地回到对当下的关注上。

3. 寻求支持。寻求信任的伙伴和家人的支持，也可以寻求专业的帮助。学校的心理中心就可以预约咨询哦，并且欢迎你的到来。在寻求支持的过程中如果遇到被拒绝也很正常，也许这件事超出了对方目前的承载能力，但相信一定有人可以帮到你。

4. 给予帮助。做一些力所能及的对他人有益的事，我们对世界做出贡献其实没有那么困难。感受在"给予帮助"的时候自己的内在是否有一些感受升起，欢迎你来跟我分享呀。

成为一个有爱的人比"有用"的人更重要。

这位小可爱，不知道以上内容有没有回应到你的来信。说起来容易做起来难，我还是很希望你能来到心理中心，我们可以一起做更多有针对性的探讨，共同穿越眼前的灰暗。

活出属于自己的价值，去拥抱生活，去拥抱自己。对自己说一声："辛苦了，你很棒，我爱你。"

——小港

第三章

喜欢没有回应，能否遇到双向奔赴的感情

在情感的旅途中，我们所经历的悸动与失落，争吵与重逢，都是青春独有的颜色。我们在爱里重新照见自己，学会和另一个人真实地相处，也在爱里走向更加光明的未来。

11 能否遇到双向奔赴的感情

漂流瓶：

　　我曾长时间喜欢一个男孩子，因为他对我特别关心。但自从我对他产生感情后，我发现他或许只是个性比较会关心人而已。我深知单向的暗恋难有结果，现在想要放弃这份感情，因为得不到回应的喜欢真的让人感到疲惫。这让我逐渐意识到，我母胎单身的真正原因或许就是我喜欢的人不喜欢我，而喜欢我的人我又不感兴趣。有时我不禁怀疑，我真的能遇到那种双向奔赴的感情吗？

——学生：孤单旅程

小港的回复

孤单旅程：

　　你好！从你的来信中，我感受到了你对感情的迷茫与困惑。的确，爱情总是让人向往，又让人迷茫，让人心潮澎湃，又让人不知所措。

　　在这个广阔的世界里，能够遇到一个相见恨晚、两情相悦的人，无疑是一件极其幸运的事情。然而，这样的幸运并不总是能降临到每个人身上。这样说可能会让人感到有些灰心，好像感情的事情只能听天由命。其实并非如此，除了被动等待，我们也可以主动出击，因为爱同样会眷顾那些有准备、懂得经营和爱护它的人。

这里的主动并不是指一味地穷追猛打。在感情中，许多美好的情愫往往因为求而不得而变成怨怼，甚至心生仇恨，这完全违背了爱的初衷。真正的主动是一种积极、自信、开放的状态，它会带给你正能量，吸引同样对感情积极的人。面对爱情，我们需要做好自己能做的，安心迎接它的到来。

第一，你是否做好了内在的准备？

不妨先问自己几个问题：你是否清楚自己对感情的需求？比如，你欣赏男生的哪些特质？在你的来信中，你提到喜欢这个男生是因为他对你的关心，这是不是你容易被吸引的特质？你对他的感情更多是出于爱恋，还是像对好朋友一样的依恋？你理想中的恋爱是什么样子？……

此外，你是否真正了解对方？比如这个男生，他具备哪些特质？他喜欢什么样的女生？我们往往容易看到一个人的外在条件，如身高、长相、成绩等，但作为一个优秀的男朋友，更重要的是他能否尊重你、是否有责任感、情绪是否稳定、是否对你真心。这些都需要通过一定的接触和了解才能发现。正如俄国作家陀思妥耶夫斯基所说："爱具体的人，不要总想着爱抽象的人。"更重要的是，要相信自己值得被爱。当你喜欢一个人却感觉对方对你没有太多"意思"时，这对任何人来说都是一个挑战。我们可能会因此产生退缩、自卑的心态，但在这种心态下我们很难获得一份健康的感情。我们可能会试图通过讨好来换取对方的好感，但这并不是真正的爱情；也可能会预设对方的想法，因为自卑而放弃双方相互了解的机会。因此，不要轻易否定自己。我们无法控制遇到的对方，但可以保持对自己价值的认可，相信自己值得被好好对待。自信大方地展现自己，给彼此一个了解的机会，从而增加获得幸福的可能性。

第二，你是否做好了行动的准备？

除了内在的准备外，我们还需要付诸行动。在外在形象上，至少要保持干净得体、展现出自己的优势、拥有良好的精神面貌。此外，要充实自己的生活，扩大交友圈，让自己有机会认识更多的异性朋友。与异性朋友相处不仅仅是为了脱单，更是为了让我们更加了解异性、学会如何与他们相处。有些非常优秀的同学苦于"母胎单身"，因为他们对感情的态度看似"恨嫁"，实际上却是封闭的，也不愿付出努力。如果整天窝在宿舍里追剧打游戏、抱怨天上没有掉下对象来，这样的"自杀式单身"真的只能佛系随缘了（网恋需谨慎）。

第三，主动靠近但不失去自我。

在感情中两个人不一定能够完全同步，一个人先主动向另一方靠近、带动另一方是常有的状态。我认为如果遇到喜欢的人，能够主动去靠近对方是一种很勇敢的行为。如果你觉得自己已经努力靠近并确定对方能够感受到你的心意，但还是没有得到积极的反馈，"得不到回应感觉很累"，那么可以给自己设置一个阈值，如果达到这个点而对方依然没有回应就选择放下。也可以主动询问对方对自己的感受以获得最直接的答复，这样就没有纠结和猜测，也没有不甘和遗憾。感情不是单方面无底线地付出，更不是一味地讨好迎合。当然前提是我们的努力要符合对方的需要，而不是纯粹的自我感动。

第四，打开自己但保有原则。

"狗喜欢兔子，但兔子却喜欢大熊"是很多人感情的困境。我们不一定能够一下子遇到完全符合自己期待的另一半，但如果你愿意，可以在对方没有触及你"红线"的情况下有更多互动和尝试，增加相处的机会，加深彼此的了解，而不因为某一点不符合预期就直接"PASS"（放弃）。人是多面的，也在成长和改变的过程中，太过小心翼翼或者完美主义会让原本可能的感情从身边溜走。不管是否能和对方走向爱情，在接触的过程中都要真诚对待喜欢你的人。如果接受，请更多去欣赏他，如果不合适，请清楚地拒绝他。

第五，在没有遇到爱人的时候要好好爱自己。

说了这么多，但爱情这件事无法像做数学题一样精准解答。就像有的花开在春天，有的花绽放在冬季，每个人的感情也有各自的缘分。你可以选择等待、准备自己；也可以选择去尝试，看喜欢的人是否可能面向你，或者你是否可能面向那个喜欢你的人。不管怎样，对于此刻的你们来说，准备恋爱或者正在恋爱都是一个学习和成长的过程，没有绝对的成功和失败。最重要的是你觉得值得，并且在这个过程中成为更好的自己。

也许此刻你们还没有遇见，也许正在相互奔赴的路上。在还没遇到爱人的时候，记得要好好爱自己。

孤单旅程，小港祝你快乐！愿你早日遇见心仪之人，踏上不一样的旅途！（比心）

——小港

12 学业和爱情不想两头空

漂流瓶：

请问，考研期间该如何与关系很好的男朋友相处呢？他也要考研，我总觉得自己没有单身的考研朋友们努力，因为我的时间和精力都有限。单身的考研朋友们能把所有的时间和精力都放在备考上，而恋爱总是会占据一部分时间。但我既想维持这段不错的恋爱关系，又想努力备战考研，期待自己能成功上岸，不想两头空。希望小港能给予帮助。

——学生：成年人不做选择

小港的回复

成年人不做选择：

你好！感谢你的来信。首先，要恭喜你，至少此刻的你拥有了两件非常重要且宝贵的东西：第一，你有一个关系很好，且与你有着共同奋斗目标的男朋友；第二，你有非常清晰的目标，那就是考研。仅就这两点而言，已经让很多同龄人羡慕。当然，我也看到了你的矛盾所在。人的时间和精力总是有限的，很难面面俱到，尤其是在与朋友的对比之下，更容易产生焦虑情绪。我很欣赏你想要找到方法，既努力考研，又兼顾爱情。那么，不妨借着你的问题，我们来聊一聊学业与爱情之间的平衡之道。

一、学习和恋爱的本质是自我的发展

无论是学业还是爱情,两者都是自我发展的一部分,本身并不矛盾。对于成年人来说,冲突是人生的常态,而寻找平衡则是毕生的功课。因为人生不是一条单维的直线,诸多课题之间相互联系、相互影响、相互交织,需要我们拥有取舍以及协调的能力和智慧。精进学业、完善生涯规划,与经营好亲密关系,是一个平衡爱情和自我发展的过程。两者都是人生功课的一部分,所以,虽然此刻你看起来比只需要学习的同学更艰难,但其实你比他们更早地迈出了这一步,在另一个维度上实现了领先。无论学业还是恋爱,对我们来说都是修炼的过程,最终都有助于我们在领悟中成长为更好的自己。

二、好的学业让爱情生根

爱的形式有很多种,此刻我们对爱情的认知已不再像中学时那样,仅仅将伴侣视为一起玩耍的玩伴,而是开始逐渐将伴侣视为人生路上的盟友。爱是对一个人能力和责任感的肯定。对现在的你们来说,能力更多体现在学业上。如果爱情仅停留于吃喝玩乐的畅快和风花雪月的浪漫,则很难保持长久的生机与活力。让自己更有能力去爱对方,才是爱的基石。

三、好的爱情让学业发芽

有些同学担心恋爱会影响学业而拒绝恋爱,但作为大学生,我们相对于中学时期已经有了更稳定的自我认知、自控能力和自我规划能力,更应该学会处理各项复杂的事务。恋爱就是锻炼这种能力的一个很好的机会,也是成年初期的主要课题之一。然而,恋爱也是一把双刃剑,在锻炼能力的同时也会带来更多的挑战,需要我们付出更多努力去应对。复旦大学教授梁永安曾说:"两个人相爱,激发出灵性,生命会变得鲜活。"爱情可以让人迸发出很强的能量,真正爱一个人会让人找到生命的意义、感受到生命的责任，并帮助我们走向成熟。两个人心往一处想，劲往一处使会形成爱的合力，给学业带来更强的动力和更大的支持。合力的力量远大于单独的力量，劲往一处使甚至可以做成原本做不到的事情，有很多学霸情侣在爱情的滋养中双双收获了更好的未来。

四、律己律人，是爱的责任

爱情里既有甜蜜也有责任。"关系很好"的定义不一定是更多地黏在一起，而是律己律人、支持自己和对方成为想成为的人，这才是爱的责任。在准备考研的时间里，你们可以发展出特殊时期的互动方式。以下是我为你们提供的一些小建议，供你参考：

1. 共同为你们的未来做出规划，试着想象你们未来共同的场景。虽然未来充满着不确定性，但你们可以拥有共同的信念和决心。

2. 合理地规划学习和约会的时间。如果两个人在一起学习不能提高学习效率，就分开学习，尽可能地专心，提高学习效率。学习的时候就专心学习，约会的时候就尽情约会。更专注地学习是为了更好地爱对方，此刻适当的分离是为了未来更长久地在一起。

3. 成为对方的"圆梦大使"。每天分享完成学业任务的情况，监督彼此早睡早起、互相打卡，并商量一些奖惩机制。你们也可以相互PK（挑战），把学习变成恋爱的一个有趣的环节。

4. 成为彼此的能量站。如果有可以互助的知识点，可以相互答疑解惑；当疲惫的时候，可以约定在学习之后一起放松；当一个人遇到困难的时候，另一个人给予安慰；当一个人松懈的时候，另一个人予以监督；当一个人气馁的时候，另一个人给他打气。这样可以让枯燥的学习增加一份放松感、满足感和幸福感。

5. 不用过于焦虑。如果已经保证了学业计划的实施，就不用因为身边的同学而太过焦虑。考研成功与否的差别并不在于每天花了11个小时还是10个小时。你只是把别人劳逸结合的时间用在了学业和恋爱的结合上，而且还多了一个助力。

愿你们在这段关系中相互支持、彼此成就，因为爱而看到更大的世界。这个相互激励、共同陪伴的过程既是你们彼此的考验，也是爱情升华的契机。未来回忆起来时，你们会感谢这段共同奋斗的经历和此刻陪伴的那个人。他们会成为你人生路上重要的一笔。

如果失去了自己，恋爱的激情褪去，我们就会面临两头空的风险，而如果你永远是自己的主宰，为爱去创造更好的未来，就会拥有整个世界。

祝"成年人不做选择"如愿实现学业与爱情的双丰收！也祝放假的宝宝们暑假愉快！

——小港

⑬ 感情越来越淡，如何谈好异地恋

漂流瓶：

　　小港，你好！非常感谢你能阅读我的这封信。我现在和 Ta 正处于一个相当尴尬的境地。因为异地恋的缘故，我们几乎没有什么共同参与的活动，唯一可以算作共处的时间就是打电话的那片刻。随着时间的推移，我们的话题也越来越少，到现在几乎已经没什么共同话题可聊了。与此同时，随着距离的增加，怀疑也随之而来。可能只是不经意的一句话，或者一时忘记回复的消息，都能让对方产生诸多猜测。现在我们俩已经四五天没有发过消息、打过电话了。有时候，我确实想过分手，但又十分依恋，不愿面对这个现实。我感到非常苦恼和烦躁！

——学生：苦恼异地恋

小港的回复

苦恼异地恋：

　　你好，感谢你的来信。异地恋确实是一段充满挑战的旅程，我能够深切地感受到你们此刻的尴尬处境以及内心的纠结：既无法果断地结束，也不知道该如何继续。同时，我也能理解你的困惑和苦恼。虽然这段感情让你难以感受到亲密，但你依然对它充满依恋。

你们所遇到的问题，是很多异地恋情侣都曾经历过的。由于空间的阻隔和时间的拉长，人与人之间普通的情感维系已经变得不易，更何况是爱情这种需要更多接触、交流和相互支持的亲密关系。然而，异地恋并非无解，也有很多异地恋情侣克服了重重困难，最终修成正果，他们对在一起的时光愈加珍惜。异地恋的稳定发展离不开双方的用心经营，它与两人的感情基础、依恋类型、沟通模式以及未来规划等因素都息息相关。接下来，我们一起探讨一下如何谈好异地恋。

一、评估是否适合异地恋

并不是每个人都适合异地恋。如果你在当下阶段对陪伴的需求较大，无法长时间独立面对一个人的状态，那么我建议你选择近距离的恋爱方式。此外，如果两个人性格都不擅长表达，见面之后才能有比较好的互动，那么远距离对于情感维系可能会更加困难。当然，如果真的遇到特别放不下的那个人，而又不得不经历异地，你也可以通过自我成长去提升和应对。异地恋要面对很多困难，需要拥有坚强的内心，彼此信任、理解、鼓励，共同为这段感情浇筑信念和未来。

二、建立对彼此的信任

在你心里，是否确定 Ta 是你的另一半？异地恋同样是一种承诺，我们需要付出更大的努力去抵挡来自外界的诱惑，也放弃了接触其他异性的可能性。由于距离的阻隔，我们在情感上不可避免地会产生一些空缺，比其他恋爱更容易被"乘虚而入"。正因如此，恋爱双方的内心也容易有更多"不踏实"的感觉。谈好异地恋的关键在于对自己和对方的信任，相信自己值得被爱，也相信对方爱着自己。我有一些建议可以帮助你们建立彼此的信任：一方面，要真诚地表达自己的感受和需要，不让对方去猜测自己的想法，不试探、不考验、不让对方去证明忠诚和爱。另一方面，要主动给对方一些爱的信号去争取对方的信任，尤其是当面对缺乏安全感的对象时。比如可以用一些方式告诉别人你已"名花（草）有主"，或者拥有适当的仪式感等。每个人都可以用自己的方式让对方感受到你对他的爱。

三、进行更多的分享

异地恋缺乏共同参与的事件，少了很多共同话题和了解彼此的机会。因此，更需要用其他的方式去分享和交流，以弥补距离的短板。很重要的是，你们对彼此是否依然保有分享欲和好奇心。每天发生的新鲜事、倒霉事或者不值一提的小事，都可以成为你们走近彼此生活的素材。用你们喜欢的方式去同步彼此的生活，多分享自己的内心感受，让对方知道你过得好不好、开不开心、发生了什么以及将走向何方，这种内心的连接和牵挂不会因为距离而减少半分。

由于圈子的不同，你们会遇见完全不同的人、经历不一样的生活、感受不同的喜怒哀乐。这需要你们具备更多耐心去和对方分享他所不曾见过的、听过的、感受过的，从而促进彼此的了解，丰富彼此的生活。而当对方表达的时候，你要给予对方发自内心的关切。

四、拥有稳定的情绪

异地恋的困难还在于当双方发生矛盾时，很难有好的方式去化解，在对方感到痛苦时，连给对方一个真实的拥抱都非常艰难。所以，更需要保持情绪的稳定，增加彼此的理解和沟通，协商出有效处理矛盾的方式。比如，隔空发个表情、送一个礼物等。如果产生矛盾想要冷静一下，可以真诚地告诉对方，自己需要一些时间来平复和思考，彼此冷静之后再做沟通，避免消失或冷战。如果陷入情绪里，想到异地恋的种种艰难而越来越委屈、难以自拔，需要提醒自己安定下来，不被情绪裹挟。如果双方产生较为激烈的矛盾和分歧，不要通过文字聊天争吵或者放狠话，不翻旧账、不做人身攻击、不随意拉黑，等到见面的时候再做沟通。如果遇到矛盾双方无法进行有效沟通和情感互动，会让两个人都感到疲惫而且无力，次数多了，难免会产生放弃的念头。

稳定的情绪需要我们有坚强的内心去支撑，也需要我们包容对方的有限性，承载异地给恋爱带来的困难，看见彼此的付出。同时，要学会表达自己的情绪感受。比如可以说："昨天没有接到你的电话，我有点失落。"而不是质问："你为什么昨天没有给我打电话？你就是不在乎我！"真诚地说出内心的感受，安抚彼此的情绪，才能让两个人的心离得更近。

五、充实自己的生活

异地恋因为缺少彼此的陪伴，所以需要充实自己的生活，不要太过依赖对方，而自身充实的生活也会让双方有更多的话题可聊。当脆弱的时候，可以打电话告诉对方寻求安慰，但不能太过玻璃心。这其实是很难做到的，因为当我们脆弱的时候，特别需要的就是一个肩膀、一个人的陪伴，而异地恋却只能提供精神上的支持。所以，异地恋特别考验双方是否有强大的内心和独立生活的能力，是否拥有其他身边的支持系统，从而能够依靠内在的信念和情感的支持走过艰难的时光。

当然，双方也可以想一些特别的方式，让对方感受到虽然人不在身边，但心依然是在一起的。比如一段走心的安慰和鼓励、电话那头永远的守候等都可以给感情增加温度。

六、创造特别的恋爱模式

恋爱离不开双方的互动和沟通。虽然异地恋的沟通渠道有所限制，但阻隔不了两颗想要沟通和连接的心。你们可以去创造属于自己的特别的恋爱模式，比如：选择一件共同的事情去完成（看同一部电影、听同一首歌……）然后讨论感受；制定共同的目标和计划（健身计划、学习计划……）；尝试一些有趣的 PK 和互相监督（早睡早起、按时吃饭……）；商议互动的约定（每个月有一次见面机会、互相奔赴、每天晚上有一段固定的电话或者视频时间……）；给对方制造一些小惊喜（一封亲笔信、一个小礼物……）；形成一些特别的互动习惯（特别的昵称、特别的梗……）；也可以有一个专门的账号来记录你们的恋爱日常并收集具有纪念意义的东西（门票、火车票……）等。总之，用你们特别的方式告诉对方："在我心里你很重要。"

多表达爱意也是很重要的。在赠送礼物方面，我有一些小小的建议：可以买每天都会用的东西或者亲手制作礼物送给对方。比如买一条或者织一条冬天的围巾，买一个象征自己的玩偶等陪伴对方，让对方时刻可以想起你并感受到你的温暖。此外，还要多肯定、多赞美、多靠近对方，不断给你们的情感账户加分。

七、规划共同的未来

异地只是你们关系发展中一段特别的时期，是你们共同要去面对的情感路上的一个挑战，为了更长远的美好未来，也是自身培养独立强大精神内核的一次机会。如果能有对未来的共同规划并朝着一个目标共同前进、期待着结束异地的一天，就会增加信念感。所以在异地恋前或者恋爱过程中，有必要确认双方是否适合长期发展、对未来的期待是否匹配、能否建立共同的规划。让异地变成一个望得到头的经过，更加踏实和落地。

异地恋需要更多勇气，也需要更加认真地去对待。把感情上升为共同的梦想，一起去追逐想要的人生。这样，格局就会打开，不再局限于眼下你是否在我身边。而是因为有了彼此，便拥有了更大的世界，一起往更好的地方去靠近。

关于是否要分手，我无法替你做决定。但我建议你理清自己对这段关系的期待，然后开诚布公地和对方聊一聊彼此的想法和感受，看看双方是否愿意继续为它付出。如果双方都愿意继续往下走，那就调整相处模式，共同努力、共同成长。如果这段关系现在对你们已经不太合适，那可能就要学习另一门功课——分别，这门功课确实并不容易。但如果你感到眼前的状况依然难以应对，欢迎预约心理咨询，和心理老师来聊一聊。不管这段感情走向何方，我都希望看到越来越好的你。

——小港

14 如何找到聊天的话题

漂流瓶：

　　我想追一个桥区的女孩子，但自从寒假后，她似乎对我疏远了，我们不再像以前那样聊得火热。我有些困惑为什么会这样，但还想继续努力。可是我不知道该怎么找到有趣的话题一直聊下去，并且让她更了解我、愿意接纳我。聊天的频率又该如何把握呢？请问有什么办法吗？

——学生：想要追爱的小废物

小港的回复

想要追爱的小废物：

　　你好！感谢你的来信。从你的字里行间，我感受到了你对这位女孩子的好感，在与她相处时，你察觉到她的态度从热情转为冷淡，这让你既失落又迷茫。其实这是很多同学在和异性交往的初期都会遇到的困惑，不知道如何和对方愉快地聊天，恰当地展示自己，通过聊天增进彼此的了解，促进感情的升温，这些都可以通过学习有所改进。下面，小港给你一些小建议。

　　第一，建立自信。

　　心态的建设是第一步。如果你总是担心自己不够好，怕露怯，怕说错话，怕不招人喜欢，那么你可能陷入"自证"的怪圈。这些担心会导致你聊天时紧张、不自然，难以更好地表达自我。尤其当对方的态度发生变化时，我们很容易产生自我怀疑，不断反思自己哪个地方没有做好，从而使关系更加紧张，这样不利于聊天的顺畅进行。当对方态度确实冷淡之后，又归因于自己不好，不会说话，不会被喜欢，于是下一次会更容易紧张。记住，每个人都有自己独特的魅力，要在心里认可自己，相信自己值得被爱。当对方态度冷淡时，不要立刻归咎于自己，保持平和的心态，继续寻找合适的聊天方式。

第二，寻找共同话题。

提前准备一些轻松、易展开的话题，如兴趣爱好、喜欢的电影和音乐、想去的地方等。在聊天过程中，多倾听对方的意见，了解她的喜好，寻找共同点。也可以通过她的社交平台或共同朋友来多了解她，从而找到更多话题。同时，考虑到寒假前后在学校和在家环境的变化，可能共同话题会有所减少，这时更要保持平和的心态。

第三，延伸聊天内容。

聊天时，避免机械式的提问和回答，不要局限于"早安""晚安""吃饭了没"这类内容，这样不容易打开话题。尝试抓住对话中的关键词或点进行拓展和联想，让聊天内容更加丰富有趣。同时，分享自己的状态和感受，不局限于事实本身，这样能激发更多的互动和共鸣。

第四，适当展示自己。

准备一些关于自己的有趣的经历或故事，在合适的时机分享给对方，并且在聊天中自然展示自己的优点、特长和性格特点等，这样有助于她更全面地了解你。

第五，逐步深入话题。

随着了解的加深，你们可以聊一些深入的话题，如对事物的看法、感受等。也可以分享彼此的爱情观、喜欢的异性类型和对未来的期待等，这样可以建立深层次的连接。同时，这也是评估双方"三观"（世界观、人生观和价值观）是否契合的好机会。

第六，注意聊天节奏。

聊天中，很重要的是营造一种舒适、有趣或开心的氛围。从普通朋友开始，慢慢靠近和了解对方，避免一开始就过于急切地追问对方。在聊天过程中多倾听、多给予积极回应，鼓励对方表达自己的想法和感受。聊天的频率和时间以双方都感到舒适为宜，如果对方需要休息或忙碌时，不要过分纠缠。

此外，除了线上聊天外，尽可能创造机会见面沟通。网络聊天信息量有限，能够看到和展示的只有文字等，而文字容易产生歧义。面对面的交流能够让我们直观地捕捉到对方情绪的变化，感受到对方真实的态度，更加全面地了解对方，同时也能带来更加丰富和独特的交流体验。

当然，如果你已经做了很多努力但对方仍然反应冷淡，那么可能并不是聊天技巧的问题，而是对方可能觉得你们并不那么合适，想保持一个安全的朋友相处的距离。这时，你可以考虑提升自己或暂时放下这段感情，相信一定会遇到彼此欣赏的人。

回到你的情况上，寒假过后女生的态度发生了变化，但我们不知道具体原因。小港建议你不要过多猜测或自责，在暧昧期转向确定关系的过程中，很多人会因为害怕被拒绝而不敢明确表达自己的心意，担心一旦被拒绝就没有了余地，所以只能靠暗示来推进双方的关系，靠猜想来推测对方对自己的感觉，因此容易陷入困惑甚至内耗。如果你有稳定的内在和足够的勇气，可以尝试以关心的方式询问对方："最近聊天的感觉好像有一点冷淡，不知道是不是发生了什么事情？"合适的时候也可以问一下她对你的感觉，这样或许能更直接地了解她的想法。

最后，我们确实需要学习如何与人沟通和互动。与人愉快地聊天是一项技能，也会给你加分，但有些同学太过纠结于聊天技能，想要成为"撩妹"达人，就会本末倒置，即使一开始"俘获"了芳心，感情也未必能长久。更重要的是自我成长，让自己变得更加丰富，自然能与对方有更多话题。成为一个自信、积极、稳定、有责任感且用心对待感情的人，感情更能水到渠成。

另外，看到你的昵称是"想要追爱的小废物"，我想在让别人喜欢自己之前，可以先学会喜欢自己，欣赏自己，这样别人也会更容易看到你的闪光之处。爱人爱己，方能长久。祝你幸福！

——小港

15 感情被吵没了，还能继续吗

漂流瓶：

我们在一起一年多了，中间分分合合无数次，总在吵架。其实吵的不是什么大事，都是一些芝麻绿豆的小事，有时候三句话不合就能吵起来，最后吵得真的很想分手，觉得两个人都不爱对方了。但是气消了之后又会觉得还舍不得对方，不忍心真的分开。这样的恋爱关系还能继续吗？还应该继续吗？频繁的争吵真的让人心累。

——学生：咖啡糖

小港的回复

咖啡糖：

你好！感谢你的来信。从字里行间，我感受到了你的纠结与疲惫。一年多的时间里，你们一定经历过许多美好时光，对彼此有着深深的欣赏。然而，频繁的争吵让你们的关系变得紧张，甚至开始怀疑彼此的感情。其实，生活中有很多像你们一样的伴侣，吵吵闹闹却又分不开，每天都在重复昨天的故事。当两个人不断因为琐事争吵至分手边缘，这往往意味着他们陷入了重复的争吵模式，未能有效解决根本问题。我们不妨先放下是否继续的纠结，一起来看看你们正在重复着怎样的"舞蹈"。

首先，你们为什么会吵起来？

试着冷静下来复盘你们一次争吵的过程，看看是如何从一句无心的话开始，战火被引爆，再逐渐升级到不可收拾的地步。又是在什么情况下，有人说出了分手。回忆你们的每一次争吵，是否有类似的"开关"和"剧本"？

感情中的小事难分对错，很多时候，争吵并非因为事情本身，而是因为我们内心的某些需求没有得到满足。通过回溯，我们可以看清彼此是怎样精准地燃爆对方，又是怎样被击中要害的。

其次，你们到底在吵什么？

对于一些小事，每个人会有不同的看法和需求。这其实是了解彼此的契机。然而，一旦陷入争吵，我们往往会被情绪控制，忘记了原本的目的。静下心来想一想，你们到底在争什么？真的是为了一句"我对了，你错了"？

很多时候，争吵其实是在各自保护内心的脆弱。排除过于以自我为中心的偏执，在争吵的背后，可能是被勾起的尚未被满足的，对被理解、被重视、被看到、被尊重、被认可、被爱的渴望。那一刻，我们仿佛变回那个不被爱、不被肯定的小孩子，充满了害怕、恐惧、无力，而丢失了那个充满智慧和力量的长大了的自己。这份未被满足的渴望，非常容易在亲密关系中浮现出来，期望伴侣给予满足。所以，可以去看看，在和他/她的争吵中，你想要的究竟是什么，也可以跟他/她聊一聊，看看他/她想要的又是什么。

最后，建设性争吵并非坏事。

在感情中，争吵可以是一种沟通方式，有助于促进亲密感，关键在于如何有效地争吵和处理争吵后的情绪。适度的争吵有助于双方更明确地认识彼此的需求与期望，从而深化关系；相反，一味地隐忍或逃避矛盾，只会让情绪愈发紧张，关系逐渐疏远。然而，频繁且激烈的争吵会损害双方的信任和亲密，因此，如何管理争吵和重建连接变得至关重要。当然，这里所说的争吵,并非无意义的相互发泄,而是指建设性的争吵。

建设性的争吵需要保持稳定的情绪,看到自己未被满足的需要,带着清晰的诉求和对彼此的尊重,并及时按下争吵升级的暂停键。当情绪稳定后,再坐下来好好沟通,这样才能让争吵成为增进了解的契机。

1. 保持稳定的情绪

觉察自己是否有易燃易爆的情绪体质。如果是这样,试着练习觉察自己的情绪变化。当情绪开始涌动时,不妨停下来深呼吸,给自己片刻时间平复心情,不要让情绪主导了我们的行为。

同时,切勿压抑或累积情绪,如果有不舒服的地方,应及时找机会与对方坦诚交流。相反,如果只把情绪放到自己的情绪垃圾桶中置之不理,日积月累直至满溢,这样会非常容易被"燃爆",对方也可能摸不着头脑,无法理解突然而来的"过度表达"。

2. 看到自己未被满足的需要

每一个情绪都是一位信使,都有它的意义。当对方的某个行为触发你时,去感受你的感觉。它让你想起了什么?如果能看到自己真正在意的,想要而没有得到的那个部分,就可以让自己更好地为自己的需要负责。尝试去拥抱自己的脆弱,并表达自己的需要。这样可以让对方更好地了解你,也能促进彼此的沟通和理解。

一旦我们深陷自己的情绪泥潭,就难以腾出精力和空间去聆听他人的话语。如果我们能暂时放下自我,去倾听他人的心声,或许就能打开全新的视野和格局。试着看到对方内心的孩子,去爱他/她、心疼他/她,或许你会收获惊喜。

3. 按下争吵的暂停键

如果既有的争吵模式难以改变,可以先做好约定:如果情绪一下子没有控制住,嗓门提高了,或者争吵已经脱离了事件本身,在意识到情绪失控的那一刻,应立即停止争吵;当对方情绪高涨时,不要硬碰硬,而应给予对方一些缓冲时间,或者温柔地提醒对方,可以通过一些暗语、手势或物件来达成双方的默契。在情绪平静下来后向对方表达歉意，也可以约定奖惩的方式。有人提炼出一条婚姻幸福的规则：与伴侣争吵一次后，找机会赞扬他/她五次。

另外，争吵时务必避免对对方进行人身攻击，不要触及对方的敏感点或家人，这些如同无形的利刃，会深深刺痛对方的心。也不要把分手作为争吵的筹码，如果你没有想好是否真的要分手。

4. 不要忘了为什么出发

别忘了争吵的初衷，清晰表达你的感受与需求，让对方更懂你。多使用"你的……让我感觉……""我需要，我希望……"的句式，避免无端揣测。

感情中在一些小问题上不讲对错，更多是彼此理解和看见。吵架的初衷是解决分歧，推进事态发展，甚至促进关系亲密，不是为了彼此伤害。适当的妥协并不意味着软弱，反而是内心强大与成熟的体现。能包容并给予对方安全感的人，充满着爱的力量。

建设性的争吵，是两个有自控力的成年人的"舞蹈"。在这一过程中，我们要跳出自我防卫的模式，直面问题而不无端指责对方；能够在表达之余仔细倾听；能够放下"我执"，抱有更多的理解和懂得。这样的舞姿有着特别的温暖和力量之美。

既然气消后依然不舍，不妨审视一下你们的相处方式吧。也问问自己是否愿意为这段关系做出改变。因为是你来提问，所以改变可能需要由你开始。无论你的改变能否带动对方，都希望你能在反思和成长中收获属于自己的幸福。

如果还有困惑或需要进一步的帮助，不妨来心理中心聊一聊哦。祝你一切顺利！

——小港

第四章 快放假了,却即将迎来第三个学期的学习

> 生活中的那些不如意之事,那些无法言说的悲伤,那些亲情和友情的疏远,都在提醒和陪伴我们变得更加坚韧、更加自信、更加接纳、更加坦诚,也更有勇气。

16 我们即将迎来第三个学期的学习

漂流瓶：

　　最近真的很难受，呜呜。本来因为学校安排了暑期学校，放假就特别晚。谁都没想到，快要放假了，疫情却突然加重了，现在连家都回不去了。虽然知道应该遵守防控规定，承担社会责任，不回家是最好的选择，但还是觉得很难过。在学校待了半年，真的很想家。怎么办呀？还有就是学校要求8月5日就开始秋季课程，我们上个月期末才结束，又上了一个月暑期学校，感觉需要一些时间去休息和调整，现在完全无法把主要精力投入学习上。怎样调整心态，专注于下一阶段的学习呢？

——学生：LY

小港的回复

LY：

　　你好！感谢你的来信。信中我感受到了你的难受、焦虑和无力。由于突如其来的疫情，我们的日常生活节奏都被打乱了。随着每日确诊人数的增加，严峻的形势让我们无法松懈。同学们也面临着情绪扰动、生活不便、学习调整、暑期推迟等诸多压力。即使在这样的情况下，我看到你理性的部分依然在运作。你考虑到了防控规定和社会责任，并没有陷入抱怨，而是在寻求调节自我、应对问题的方法。我很欣赏你的思考和担当，也完全能理解你对家的思念、没有假期的难过以及精力不足的担忧。在这个特殊时期，我们都面临着一些特别的挑战，不妨一起来聊一聊如何应对。

一、接纳我们的情绪

同学们本身就面临着不小的学业压力，暑期学校结束后的暑假是我们内心的支撑和盼望。想必很多同学已经做好了计划，打算停下来休整，回去看望家人，或者安排充电，想利用暑假完成一些工作，比如科研竞赛、培训、考试、实习等。这些计划突然由于一些不可控的、非自身的原因无法实现，难免会有很多失落、委屈、无力甚至愤怒的情绪。

此外，目前疫情尚未结束，我们内心不仅有对病毒的恐惧，还有对未知事物的不确定感。未知意味着无法掌控，失去掌控感会让人感到焦虑。我们对于压力的承受力其实是很强的，但是"不知道什么时候会发生什么""不知道后面会怎样"这种不确定性会让我们感到无力。所以，让我们难过的还有对疫情和未知事物的不确定感。比如，究竟什么时候才能回家，什么时候补考，什么时候转专业，如何补课，什么时候可以去旅行等等。因为所有人都在一个应激状态里，需要临时去解决很多问题，需要时间恢复平稳状态，所以在这个过程中的不确定会让我们更容易感到不够安定。

看到并理解我们的失落、难过、焦虑和不安，这些情绪反应都是正常的，说明我们的情绪感受很畅通。不要强制去压制它，可以想一想我们能为这些情绪做点什么。尝试通过合理的途径去宣泄和表达，如找人倾诉、唱歌、写情绪记录、运动、绘画、听音乐等。也可以通过正念练习、想象放松训练等方法来调节情绪。

二、承认我们的恐惧

所有这些我们正在面对的不确定感和挑战，难免让我们产生一些消极的想法。尤其是本来就遇到困惑的同学，问题容易被进一步放大，如对自我的否定、对人际相处的纠结、对学校安排的不满、对线上教学的担忧等。

不管是一轮一轮的核酸检测，被封闭的小区，还是被"非必要不离宁"的我们，每一条规定的背后都有着对疫情传播的恐惧。这不是"胆小怕事"，而是对生命脆弱的敬畏。这份恐惧不仅我们有，层级越高的人越有，因为他们身上承担着更多的责任。这种恐惧会让我们寻找现有条件下尽可能安全的解决途径。减少流动可以最大程度地降低外在的风险和内在的恐慌。

由此带来的相关应对问题对我们每个人来说都是挑战——对每一个同学是挑战，对每一个老师是挑战，对学校同样也是挑战。这些挑战又会带给我们新的忧虑，担心自己不能做好。我们都在面临着改变和未知，都在尽我们所能做好当下。所以，不管现在的状态有没有达到内心的预期，不要自我否定和自我攻击，也不要把内心的情绪转化为对外的攻击，而是在这种不可控的环境中尽量去做好自己、稳住自己，在特殊情况下发展自己的韧性，提高对自我的接纳。

三、体验我们的感动

人生确实有很多我们无法掌控的无奈之事。最近郑州的暴雨让我们看到了生命的脆弱。想到一年多前新冠疫情刚刚暴发时人们的惊慌和不知所措，我作为第一批志愿者加入热线队伍，倾听人们的焦虑和恐惧。而今我们成为城中人，但内心有了更多的底气。因为我看到我们的国家和人民在用他们最大的力量保护南京这座城市、保护城市里的每一个人。此刻作为一个安慰别人的人，自己也身处城中，也同样有着失落和无奈。但是看到那么多的医护人员第一时间赶来夜以继日地工作；看到很多老师奔忙在一线，充电宝像输液袋一样挂在身上；看到暴雨中的救援队在风雨里挽回死亡边缘的生命……面对无常，人是如此渺小但又如此坚强。每个人都在承受着超出预期的困难和压力，每个人都在尽力坚持，每个人都在用自己的方式贡献力量。我的内心有很多感动——感动于我们都好、我们都在、我们还能工作、我们还能学习、我们还有无限的可能。

四、连接我们的力量

我相信大家并不是无法应对困难本身。对于经历过高考的学子而言，寒窗苦读的压力不亚于此。静下心来，在纷繁烦躁的情绪下看到内心的力量。

首先，在这个特殊的时期用你的力量照顾好自己。规律作息、均衡饮食、充足睡眠、保持运动，给自己一定的缓冲时间。这个缓冲时间不一定是成段的、连续几天的，可以是在每一天、每一周里给自己设置一些休整空间，不对自己太过苛求。做一些活动来保持一定的运动量，既可以增加自身免疫力，还可以调节情绪，比如大家体育课学过的太极拳。

写下自我照顾清单。想一想什么事情能让我们快速感到放松、平静、喜悦。整理一下写出来，例如：玩一个不费脑子的小游戏、深呼吸、洗个热水澡、完成一幅拼图、看一部电影、整理衣柜和书桌、洗衣服、不带愧疚地发呆等等。当疲惫低落时让这张清单帮你恢复元气。

其次，多与家人联络，用你的力量和他们连接。对于想家的部分我感同身受。通过视频、语音等方式与家人沟通表达自己的想念，感受他们的温暖与关心。同时，也告诉他们自己是安全的，让家人安心。我想此时此刻对于爱我们的家人来说我们的安全一定是第一位的。

再次，和伙伴多沟通，用你的力量自助助人。与和自己一起并肩作战的室友、伙伴多沟通，相互倾诉和鼓励、支持和帮助，分享温暖和信心。当我们在鼓励和帮助别人的时候也在增加自我的能量。成为助人者有助于增强我们的心理韧性。

最后，学会求助，用你的力量为自己寻找避风港。如果状态确实不佳，不要对自己有太多的苛求；给到自己缓冲的时间，允许自己不能完美应对；也可以用合理的方式表达自己的诉求，寻求支持，自我调节。如果发现自己持续处于不良情绪中或者遇到难以应对的困惑，请及时联系心理中心或者靠谱的心理支持热线，寻求心理支持哦。

困难会让我们更加团结。每个人、每个团体在面对生命中的变化时都有从困境中站起来、变得更强壮、更善于运用资源的能力。这种人类战胜困境的内在力量让我们每个人在面对危机和挑战时，能够从中寻找力量、看到方向、学习应对办法、提升适应能力，为自己的生命负责也为别人付出爱心。

"人最大的自由在于，无论何时，都拥有选择的权利。"《活出生命的意义》的作者弗兰克尔在经历了纳粹集中营的非人类待遇之后得以存活，是因为他时刻在为自己做主，选择更好的生活方式与态度。在任何境遇中选择自己的态度和生活方式，成为自己的主导，成为自我责任者，才是真正走向独立的开始。当经过这段时间，我们重新去看这个过程，去思考，我对自我、对生命、对关系、对世界是否有一些新的理解？也许这比课堂上学习的东西更为重要。而不远的未来，我们会迎来现在缺失的假期。

越是忙乱和不确定中，最重要的是内心的安定。

相信付出会有收获，挑战会带来成长，美好不会缺席。

——小港

想要一个新的开始

漂流瓶：

　　经历了有史以来最长的一个寒假，我迎来了开学初的考试周。回望过去的一年，感觉很多事情都没有做好：所学的专业让我提不起兴趣，尝试发展其他特长也似乎徒劳无功，对朋友渐渐变得冷漠，整日无所事事，没有丝毫进步。有时，我会沉浸在悲伤中，难以自拔。不过，经过假期的调整，我的状态已经略有好转。新的学期，我渴望能有一个全新的开始，但又有些迷茫，不知从何着手，小港能否给我一些建议？

——学生：下雨不哭

小港的回复

下雨不哭：

　　你好！感谢你的来信。新学期的序幕在紧张而又充满希望的氛围中缓缓拉开，它孕育着无限的可能，也预示着一个崭新的开始。我很高兴看到你对新学期充满期待，渴望成为更好的自己。

　　过去的一年，对我们每个人来说都是不平凡的。我们经历了许多挑战，也留下了些许遗憾。或许你曾感到迷茫、焦虑，甚至悲伤，但这些都是成长的一部分。你能够坚持下来，就已经非常了不起，值得为自己鼓掌。

当我们陷入悲伤时，世界似乎变得一片漆黑，未来也仿佛失去了色彩，就像你觉得很多事情没有做好，所学的专业不喜欢，尝试发展其他特长也没有用处……不过，我们可以看一看，这些描述的更多是客观事实，还是情绪化的主观体验。就像你经过假期的休整后感觉状态有所好转一样，相信新学期的持续努力也一定会让你看到更多的希望与光明。

在新的学期里，我想与你分享以下几点建议，希望能对你有所帮助。

一、关爱我们的身体

俗话说："身体是革命的本钱。"我们与身体相伴数十年，很多人和身体的连接却是不深的，难以体验到它的感受与需求。当身体健康时，我们总是被外界的追求吸引，很少有时间和机会回到自身，忽略了身体其实也是一件珍贵的礼物。长年累月下，如果我们对身体更多只是使用，而缺乏关照，就往往会被一些突然的"健康波动"打个措手不及。

因此，新学期里，让我们学会更多地关照自己的身体：坚持规律作息，保证充足的睡眠；均衡饮食，为身体提供充足的营养；每天坚持锻炼，让身体保持活力。去照顾、了解和感受我们的身体，很多时候我们对待身体的态度也反映着我们对待自己的态度。珍惜身体就是珍爱自己。

二、保持我们的勇敢

看到你的名字，让人忍不住想要给你打一把伞，我想你一定经历了很多艰难，那种感觉也许就像在冒雨前行。尽管你经历过无力和悲伤，我也能感受到你的力量，就像你说"下雨不哭"。

过去的一年里，我们都经历了很多困难和挑战，很多同学在勇敢地面对生活的考验，也在勇敢地面对内心的脆弱。我们蹚过的每一条河流、越过的每一座高山，都在成就新的自己。可以尝试转变思维方式，尝试用积极的眼光看待过去的一年，写下对自己的欣赏。

新学期里，我们将面临更多的挑战与考验，但请相信，每一次的困难都是成长的契机。让我们保持对生活的赤诚与勇敢，认识到自己的喜、怒、哀、惧都是正常且合理的，学会与自己的情绪共处，拒绝无意义的内耗，积极调节自我，成为一个更加坚韧的人。

三、探寻真实的自我

人生是一场漫长的旅程，时间是最宝贵的财富。或许你曾对存在的意义感到迷茫，但新学期的到来为你提供了一个重新审视自己的机会。在行动之前，不妨先静下心来思考：你对自己有哪些期待？什么能够激发你的动力与快乐？什么能够让你获得成就感？如果你想要跨专业或尝试新的方向，那么现在就应该开始规划并付诸实践。即使跨专业难以实现，也可以尝试在现有专业中寻找自己感兴趣的方向。明确自己的目标后，将其分解为可行的阶段性小目标，一步步向前迈进。

如果把视线拉长，可以思考未来你想要有怎样的生活？你想如何度过这一生？你想如何使用好时间这一笔财富？进而让眼下的目标更加清晰。人生纵然有很多不确定性，但我们依然能过好每一个当下，向着理想不断前行。

四、珍惜我们的"家人"

世界可以承载我们的光芒、强大和梦想，但是"家"这一方小小的天地可以承载我们的脆弱、伤痛和恐惧。不论外界如何变化，家都是我们永远的避风港，会张开怀抱迎接我们、拥抱我们，告诉我们自己不是一个人，这就是家的意义。在学校这个大家庭中，我们的校园、班级、宿舍就是我们的"小家"。

有时候我们会在情绪里找不到出路，就像得了一场心灵的感冒。泥泞的路上，也需要一些照亮，哪怕只是一束微弱的烛光，在黑暗中也会显得温暖明亮。愿我们都能有这样一个存在，它可能不是一个有形的房子，只是一个人、一种声音、一段回忆，但当我们想起它时，内心就会充满温暖和力量，因为我们知道，自己那么坚定地被爱着。

新学期里，不妨主动与好友联系，分享彼此的近况与感受。如果你发现与朋友的关系变得冷淡了，那么不妨主动出击，重新建立联系，也许你的朋友只是前段时间比较忙，没有留意到你的情绪，不妨和他们聊一聊，也可以了解他们眼中的你是什么样的，这有助于你更好地认识自己。此外，也可以和信任的家人、师长交流，和他们聊聊你的近况。最后，还可以尝试写出三个可以给你力量的人/事/物，在心里描绘他们的形象，感受他们的颜色、形状、声音，以及他们带给你的感觉，并对他们表示感谢。

五、感受世界的美好

当我写下这些文字时，阳光正透过窗户洒在我的桌上；小猫咪刚吃饱，正悠闲地洗脸；悠扬的音乐在空气中弥漫；浩瀚的知识海洋里还有很多值得探索的未知，小伙伴们在线上分享收获……人类的生命力、创造力生生不息，生活中处处充满了美好与惊喜，而我们随时可以获得和世界的连接，获得能量的给养。

新学期里，让我们走出宿舍的小天地，去欣赏美丽的校园和更广阔的世界吧！你可以计划一些让你感到开心的事情，并付诸实践。同时，也可以每天记录下生活中的小美好，让它们成为你前进的动力与源泉。

下雨不哭，新的学期里：
愿你能看见自己的美好与独特之处；
愿你能更好地照顾自己并关爱身边的人；
愿你能拥有一个温暖的心灵之家来安放所有的不完美与美好；
愿你能找到心之所向，逐梦前行，乘风破浪。
如果你在任何时候需要帮助或支持，请记得心理中心永远在这里等你。无论外面风雨如何，这里都是你温暖的避风港。

——小港

18 宿舍关系让我感到压抑

漂流瓶：

　　和舍友的关系谈不上不好，但宿舍氛围总觉得怪怪的。一个舍友常会在宿舍吃螺蛳粉，弄得宿舍一股怪味，我特别受不了。另一个舍友每天睡得特别晚，而且总是发出各种声音，也不顾及我们已经休息了，第二天一早还要上课，我不能因为他而改变我的作息。其实这些都是小事，说出来好像我小题大做，所以一直没说，但不说出来又感觉心里堵得慌。还有一位舍友跟我一样性格比较内向，平时交流也不多，四个人大多时候各忙各的，遇到事情也没有人可以分享。我还是很想念高中的同学，这样的宿舍关系让我觉得压抑。

——学生：热气球

小港的回复

热气球：

　　你好！感谢你的来信。你所描述的问题，其实是很多大学生都会遇到的宿舍关系难题。大学宿舍，就像是一场没有"恋爱"的"包办婚姻"，来自五湖四海的四个人突然共处一室，要朝夕相处四年，和谐共处已属不易，要成为深交好友更需缘分。宿舍成员在生活习惯、个性特点、为人处世等方面存在差异，这是再正常不过的事情，而这些差异也可能给我们带来种种不适。那些看似微不足道的小事，日积月累下来，往往会变得不可忽视。不表达并不意味着情绪会消失，它只会淤积在心里，间接影响我们与他人的关系。

你的宿舍虽然没有明显的冲突，看似风平浪静，但朝夕相处的人之间却仿佛隔着很远的距离。我想，这就是你所说的"怪怪的"感觉，确实会让人感到压抑。那么，面对这样的宿舍氛围，我们可以做些什么呢？

第一，放下"我执"，求同存异。

著名心理治疗师萨提亚曾说："人因为相似而吸引，因为相异而成长。"不同的人之间，存在的不一定是对错，而是差异。有人觉得螺蛳粉是人间美味，有人却觉得难以下咽，这是口味的不同；有人喜欢熬夜，有人喜欢早睡，这是作息习惯的不同。方方面面，每个人的想法和感受都有很大的差异。宿舍作为集体生活的场所，不同于家庭，在家庭中，尤其是独生子女家庭，我们很容易成为关注的焦点，从而形成"自我中心"的性格。但在集体生活中，每个人都不是世界的中心，我们无法期待别人都能如我们所愿。因此，当有什么想法时，我们需要通过沟通来促进彼此的了解，不将自己的想法当成理所当然，而是彼此理解，适当妥协。比如，可以购买耳塞、眼罩来应对噪声和光线的影响；也可以主动寻找话题，打破宿舍的沉默氛围。在照顾自己需要的同时，也要照顾对方的需要。

第二，关系破冰，建立规则。

没有规矩不成方圆。要协调舍友之间的种种差异，需要达成一定的规则和共识。你可以与舍长沟通，组织大家一起开一个交流会，或者一起去吃顿饭、聊聊天，以促进宿舍关系的破冰。同时，针对宿舍生活中常见的问题，大家可以各抒己见，共同制定一个宿舍公约。比如，什么东西不可以在宿舍食用、如何维持宿舍整洁、如何安排作息时间等。很多时候，规则容易制定却不容易坚守，因为它会挑战每个人的习惯。我们可以在充分讨论后，在公约中制定一些奖惩措施，以督促彼此遵守。比如，如果违反规则就请大家吃鸡腿等。在讨论过程中，大家对彼此的习惯和特性也会有更多了解，从而促进彼此之间的熟悉和了解。同时，也要尝试在相处中去发现每个人身上的闪光点，看到更全面、立体的舍友。

第三，积极沟通，寻求解决。

当遇到问题时，一些同学会因为担心破坏关系而选择委曲求全。殊不知，一味隐忍不仅无益于问题的解决，还会对关系和自身造成伤害。你可以思考一下自己"不说"的背后有什么样的担心？自己是否习惯去表达意见和需要？也许我们希望自己更加"大度"一些，但事实上我们确实有不同的偏好和习惯，并且为之困扰。这是非常正常的，需要让对方了解。适当的沟通能帮助我们在处理矛盾的同时，与对方建立更深入的连接。

在沟通前，我们需要明确沟通的目的是解决问题，而不是发泄情绪。此外，我们的出发点应该是一种善意的提醒，对事不对人，不要上升为对人的否定。在沟通时，我们可以先表达对对方行为的理解，相信对方的行为模式一定有他的原因，而不是直接给对方扣上负面的"帽子"进行批评指责。其次，可以客观表达自己对这件事情的感受。比如，"我对味道比较敏感，螺蛳粉的味道会让我觉得有点反胃。"最后，需要表达自己的需求和期待，并商量出彼此都能接受的解决方法。比如，是否可以在某个固定的时间熄灯、尽量少发出声音等。

以上沟通法则是一个参考，不需要逐句照搬。如果关系尚且可以沟通，不妨跟对方聊一聊这些"小事"，挑选合适的时机，用你习惯的方式真诚地表达自己的感受和期待，但要确保你清楚地让对方了解了你的想法，而不是自以为"沟通清楚"。此外，有些沟通并不能起到长久的效果，会出现反弹，毕竟一些习惯的养成并非一朝一夕，而习惯的改变也需要时间，所以有时候需要不止一次沟通。当对方有所改变时，可以给予积极的反馈，无论是语言上的感谢还是一块巧克力、一个水果都是一份温馨的表达。

第四，自我和解，探寻世界。

我们与别人的关系很多时候与我们和自己的关系有关。可以看看我们对自己是否满意？关系的疏远背后是否包含一些"内卷"或者"竞争"带来的压力？这只是一个供参考的探索方向，不一定符合你的情况。此外，宿舍中精神上的交心可遇而不可求。高中同学每天朝夕相处、同课同休，更容易遇到知己。而在大学时代，大家的时间安排都比较个性化，不再有那么多天然的接触机会，因此不容易在共处中建立友谊、找到知音。有一首歌里唱道："越长大越孤单。"我们被放到越来越广阔的世界中长成一个大人，而孤单就是人长大后要面对的一个课题。如果宿舍中确实难以有太多交流，我们可以学习如何与自己相处或者适当走出"内向"的限制去寻找友谊。大学的圈子比高中广泛得多，有更大的机会遇见更契合的伙伴。世界是广袤的，我们可以在宿舍安心经营自己的小天地，也可以走出宿舍用心探索更广阔的世界。当我们的内心更有力量时，也能更好地面对这些"小事"带来的困扰。

  读完以上内容后，也许你会问："明明不是我的问题，为什么要让我来改变呢？"如果抱着"受害者"的思维模式，我们会被永久地困住，而只有成为自我的责任者和建设者，才可能打开新的局面。在未来的生活中，我们可能会遇到形形色色的人，未必每个人都会与我们合拍。而与舍友适度磨合的过程也是一段有助于自我成长的修行。你可能从中收获友谊、沟通能力、对自我的了解以及更大的勇气。

  如果还是无法解决问题，可以和辅导员老师聊一聊，也可以来心理中心坐一坐。祝你收获更舒心的宿舍环境和更有力量的自己！

——小港

19 不知道和父母聊些啥

漂流瓶：

　　我已经放假回到家了。按理来说，一个学期没见，回家见到父母应该是很开心的，但我却感觉和父母一点也不亲近。不像大家常表现出来的对回家的渴望与欣喜，我既没有激动，也没有欣喜，只是感到很平静。即使与父母面对面，我也不知道要聊些什么，双方都只是沉默，然后陷入尴尬。可当我看到身边有同学分享出来的朋友圈，他们与父母相处得像朋友一样，我不禁想问，我面对的这种情况是正常的吗？

——学生：无言的风

小港的回复

无言的风：

　　你好，感谢你的来信！读到你描述的和父母相处的场景，我眼前仿佛出现了一幅白描画，画面凝固而平静，却又隐藏着不易察觉的波澜。这幅画面，想来也是当下不少大学生和父母交流状况的缩影，并非个例，而看到身边同学的情况，你会觉得父母子女之间似乎应该更亲近，应该聊些什么，但却找不到合适的话题，反而陷入了矛盾之中。

　　在你的描述中，我看到了"应该""正常"这些理性的判断词汇，这些都是头脑思考的结果。"平静"仿佛一张大网，兜住了你丰富的情绪，也罩住了情感的流动。与其去探究这样的情况是否正常，不如放下"应该"的要求和"正常"的标准，尝试去体验一下自己对这个画面的感觉，更多地去觉察自己内心的感受和需要。而亲子之间出现这种情感"隔离"和交流"失声"的情况，可能的原因有很多，不妨借着你的问题，我们一起来看一看如何应对和父母之间的"隔阂"与距离。

一、我们和父母的关系曾经是亲近的吗？

这种与父母之间的生疏是一直以来的惯常现象，还是从某一个时刻开始的呢？我们可以尝试去思考，在自己的成长过程中，是否和父母建立了比较好的情感基础，看看不亲近的原因，是从小形成的关系模式带来的深层问题，还是长大后接触交流减少带来的浅层问题。

二、我们和父母的心是如何走远的？

（1）外在的距离

我们和父母的距离可能与外在因素有关。对于青年来说，走向独立是必修课题。进入大学后，我们有了新的生活、新的圈子，这个圈子里很多事情也许是父母难以了解的。同时，我们的内在也在成长和思考中不断蜕变，与父母在生活经历和思想认知上的距离可能被拉大，与父母的交集和共同语言都在减少。此外，信息化时代让同龄人之间的沟通更加容易，而父辈接受新事物的能力相对较弱，这更容易产生"代沟"，使得我们与父母变得不那么亲近。

（2）内在的阻隔

这种距离也可能包含着内在的阻隔。幼年时的亲子依恋方式会影响到我们长大后与父母的相处模式，如果在幼年时期和父母之间形成了安全型依恋模式，那么长大后我们更容易与父母亲近。此外，如果父母习惯采用严厉的教养方式，对子女要求严苛，注重制度和规定而缺乏情感的互动，那么虽然家庭不一定有很大的冲突，但家庭氛围可能会比较生疏，记忆里比较少有和父母交流情感的画面。很多父母心里爱着孩子，但不擅长表达爱和情感，或者因为忙碌没有办法给孩子陪伴。如果我们想要亲近的时候没有得到好的回应，难以获得倾听和理解，就可能体验到失望、难过等情绪，渐渐不自觉地阻断了和父母的情感通道，不太愿意向他们表达自己的情感需求，诉说自己的苦恼，也不太敢对他们产生情感依赖，自然就少了情感的流动，形成了这种不太亲近的感觉。虽然理智上知道要和父母亲近，但内心却和父母"保持距离"。

（3）时代的特征

此外，我观察到这种情感的疏远、面对面的"隔离感"不仅发生在亲子之间。这一代大学生经历了全媒体的飞速发展、网课的洗礼，人与人之间面对面的交流和沟通似乎变得不那么自然。同学之间也会陷入"社恐"状态，尴尬到脚趾抠地板的场景时有发生。因此，我们可以思考一下，自己是不是对真人之间近距离的情感交流不那么习惯了。

三、我们希望和父母的关系是怎样的？

希望以上的思考可以帮助我们更好地理解自己，并非要去"揪出真凶"、归咎责任。不管是由什么原因造成了现在的局面，值得庆幸的是我们已经长大，可以为自己的需要负责，也拥有了疗愈和成长的力量。那么，你期待中和父母的关系是怎样的呢？结合每个家庭的现状，我们可以想一想自己想达到的更舒服的状态：是倾向和父母保持一定的距离，还是希望有更多互动和情感交流？你是否想让现在的状态有一些不同？

四、我们可以做一些什么？

我们总以为爱情需要经营、友情需要维护，而亲情则是最安定、永恒不变的存在。事实上，每一段关系都需要用心付出，亲情也是一样。关系处于动态的变化过程中，每个人都是关系的一分子，也是关系的重要影响因子。也许我们没有办法达到理想的关系状态，但如果可以多走一小步，你觉得会是怎样的一小步呢？如果我们心里也渴望与父母更加亲近，可以在平时多和父母聊聊最近的生活或针对某个话题唠唠嗑、分享你的心情、听听他们的琐事；或者给他们一个拥抱、一枝花、一杯水……主动与父母连接，让彼此感受到内心的温度。以下有一些聊天的话题供大家参考，可根据家庭关系和开放程度自行挑选：

1. 聊一聊你眼下的日常生活和学校发生的事情，他们或许很感兴趣。
2. 关心一下他们的身体状况，看看你不在家的时间里他们过得怎样。
3. 聊聊假期的安排、未来的打算以及旅行的计划等。
4. 聊聊爸爸妈妈喜欢的事情和发生的趣事。
5. 分享一些最近的热点事件和各自的看法。
6. 聊聊你的成长过程中的困惑和新的思考。
7. 分享你的情感动态和心情变化。
8. 聊聊你们之间的关系以及你的困惑和期待。

同时，也要告诉父母什么是你不喜欢的，拒绝不想聊的话题也是一种积极的沟通方式。

和父母的相处也许包含着欣喜、激动和畅谈；也许透露着平静、尊重和空间。重要的不是说了什么，而是空气中流淌的温情和坚定、彼此的理解与互相的尊重以及心底的爱。

再次感谢你的提问，让我们有机会聊一聊与亲情有关的话题。如果我们或者父母暂时没有办法做更多改变，不妨接纳父母的有限性，也接纳自己的有限性，先尽力照顾好自己。如果还有困扰和心结无法打开，欢迎来咨询室聊一聊。祝你开心快乐！

——小港

20 容貌焦虑，找不到自己的风格怎么办

漂流瓶：

很多时候我都会感到身材焦虑、颜值焦虑。因为没有收到过别人的夸赞，所以我不知道是自己真的不好看，还是我不符合当下大家的审美呢？如果有人被夸可爱，我就想往可爱风转变，希望自己也能被人夸；如果有人被夸酷，就想往酷的风格转变。尽管我尝试了不同的风格，但至今都没有找到适合我的那一种。

——学生：努力变美 ing

小港的回复

努力变美 ing：

你好，感谢你的来信。在当今互联网和自媒体日益发达的时代，线上平台上"美女"层出不穷，"颜值即正义"的观念备受追捧，在这样的氛围下，我们的审美观和价值观确实很难完全不受影响。与各路"小仙女"相比，很多人会对自己的容貌感到不满。

爱美之心，人皆有之。如果只是觉得自己的外在有所不足，希望扬长避短，更好地展示自我，这其实是一件好事。但如果对容貌的评价和焦虑与实际情况相差甚远，本身并没有特别明显的容貌缺陷，却在舆论风潮下不自觉地产生从众心理，用大众标准来衡量自己，并因此常常对外貌感到

不满甚至自卑,那就可能陷入了容貌焦虑。我们可以从以下几个角度来探讨这个问题。

一、"美"无法被定义

当下,同质化审美盛行,诸如"A4 腰""大长腿""少女感"等标签层出不穷,都在暗示你"不够美"。流行的"辣妹风""甜妹风"也在鼓动人们追求这些所谓的"美"。但事实上,千篇一律的美已经失去了宝贵的真实与个性,"网红脸"往往会陷入"美则美矣,没有灵魂"的尴尬境地。

在过去没有整容和滤镜的年代,美有千百种形态。雪白的肌肤是美的,体现出清纯与洁净,黝黑的皮肤也是美的,彰显着健康与生命力;瓜子脸精致怡人,圆脸可爱亲切;高挑的身姿如天鹅般优雅,小巧的身材则如小鹿般惹人爱怜;胎记可以是美的,它是上天赐予的奇妙印记;小虎牙也可以是美的,它彰显着俏皮与灵动。超模吕燕拥有"塌塌的蒜头鼻子、饱满过分的苹果肌、笑起来只能看到两条缝的眼睛、高颧骨、下巴平得呈 180 度钝角",但她没有被大众的审美所压制,而是勇敢展现自己的美,最终声名鹊起,走出国门,征战巴黎时尚圈,爱情与事业的双丰收,也让越来越多的人看到并懂得她的美。

对"美"的理解见仁见智,我们要放下审美的单一化和扁平化观念,用开放的姿态去迎接不同形态的美,拒绝定义美的同时,也要学会发现自己与众不同的美。

二、探寻"焦虑"的来源

外貌是人最明显的特征之一,也是容易被他人评价的地方。你可以思考一下,你的容貌焦虑更多来源于自己觉得自己不好看,还是担心自己的外在不符合他人的审美标准,因此产生了较低的自我评价。

如果我们将别人的评论作为标准,并据此来改变自己,那么永远都无法找到真正属于自己的答案。因为"萝卜青菜各有所爱",每个人的审美都是独特的。而我们之所以容易受到外界影响，是因为我们尚未建立稳定和清晰的自我认知。很多时候，外在的焦虑其实是我们对自我价值的焦虑，我们担心的不仅是自己不够美，更是担心自己不值得被爱。此外，当我们对自己的外貌缺乏信心时，就容易选择性倾听。当别人觉得我们好看时，我们更愿意相信这只是他人的安慰；而当别人觉得不好看时，我们便会认为这是真相。这样的看法对自己是不公平的，也容易引发更多的焦虑。

当然，形成容貌焦虑可能有很多原因，比如曾经因为外貌而受到批评、不公待遇甚至校园霸凌。我们可以针对这些部分进行自我疗愈，走出自己划定的小圈子，打开闭塞的门窗，重新让自己沐浴在阳光下。要相信，不管外在如何，你都值得被爱，也拥有独属于自己的价值和美好。

三、自信是美的底色

我们的内心都住着一个渴望被看见、被欣赏、被接纳的小孩。无论别人能否真正看到我们，我们都可以真正地去看见自己。首先，尝试去发现自己外貌上的美。每个人的外貌都有值得被喜欢的部分，不一定是大众所认为的高鼻子、大眼睛，可能是一个小小的细节，比如睫毛特别长、牙齿特别可爱、笑容特别真诚等。照镜子的时候可以寻找自己美的地方，甚至可以拿出一张纸，认真记下自己喜欢自己外貌的部分，真正地欣赏自己。

此外，要看到自己的价值和美好。"美"不仅停留在容貌上，每个人都是丰富而多元的。外在只是我们的一部分，更重要的是我们所呈现出的完整的自我。在时间的淘洗中，外在的皮相会消逝，而内在的丰盈会历久弥新。"美"将是内心沉淀的外显，是心底散发出来的美好和善良，是内在的涵养和学识带来的淡定和气质，正所谓"相由心生"。相信自己的价值，展现自己的优势，丰富自己的内在，你会越来越美。

四、风格是内外的综合体现

对一些人来说，寻找自己的风格之所以难以成功，是因为风格不仅仅是外貌和服饰的结合，更是内在性格与外在因素共同协作所体现出的综合特质。它是一种自我意识的彰显，一种由内而外的发生。

当我们找到真实的自己，感到舒适与自在时，也就更容易找到自己的风格。在了解自己的性格特点、气质类型和外在特征的基础上，我们可以学习一些服装搭配和化妆技巧，用服装和配饰作为媒介来更好地表达自我。同时，也可以从优秀的风格中寻找灵感并借鉴之，适当加以修饰，让外在和内在相得益彰。

托尔斯泰曾说："人不是因为美丽才可爱，而是因为可爱才美丽。"这世界上没有符合所有人审美的人。有的人爱白天，有的人爱黑夜，但这并不影响昼夜的交替；有的人爱春天，有的人爱夏天，但这并不影响四季的轮回。同样地，有的人喜欢可爱风格，有的人喜欢酷炫风格，但这并不影响你成为最美的自己。那些真正成为自己的人，充满了生命力和感染力，终会收获同频共振的懂得和欣赏。

如果你仍然为外貌而焦虑，可以尝试前文中提到的调节焦虑情绪的方法。但比起任何方法更重要的是要看见独属于自己的"美"。如果无法自我调节，也可以寻求心理咨询的帮助，心理中心随时欢迎你的到来。

——小港

第二卷

写给家长朋友

家长，这一角色似乎天生就承载着无尽的职责与期望。然而，真正成为一位优秀的家长，却是一门需要不断学习和实践的学问。在当今社会，家长们不仅要面对来自社会各界的压力，还要在事业与家庭之间寻求平衡。随着物质条件的日益改善，孩子们的需求已不再仅仅局限于基本的温饱，他们开始展现出更为强烈的情感需求。这对于家长们来说是一项不小的挑战。有些家长虽然深爱着孩子，却苦于不知如何给予他们更高品质的爱；渴望与孩子沟通，却找不到让孩子愿意敞开心扉的方法；希望为孩子铺设更美好的未来，却迷茫于应该如何助力他们成长。

本卷将聚焦大学生家长们的困惑，并通过小港（安心港湾漂流瓶瓶主）的回信，为家长们提供指引。我们将一起探索大学生的心理特点、家庭生命发展周期等关键知识，了解与大学生沟通相处的技巧与雷区。同时，我们也将强调与辅导员老师的紧密合作，帮助家长在深入理解孩子的基础上，给予他们有力的支持，陪伴他们共同面对挑战，走出心理低谷。此外，我们还鼓励家长们关注自我成长，学会自我关怀，以平和的心态和积极的姿态，为孩子树立榜样，传递尊重与爱的力量。

卷首语

良好的家庭关系是送给孩子最好的礼物

绝大多数父母对孩子的爱都是深沉而真挚的。他们为了孩子的成长和未来，不遗余力地提供着优质的教育资源和物质条件。然而，在追求这些外在给予的同时，往往容易忽视了孩子内心的情感需求。家庭的关系和氛围，虽然看不见摸不着，却如同空气一般，无时无刻不在影响着孩子的成长轨迹。

和谐的家庭氛围，其基石在于良好的夫妻关系。当夫妻之间彼此信任、有爱，并能够妥善处理矛盾冲突时，家庭就会充满温暖、松弛与相互支持的气息，在这样的环境中，孩子更容易感受到放松、自由与安全。即便孩子已经步入大学校园，良好的家庭关系依然对他们意义重大。当父母的关注点更多地放在自我和婚姻上时，他们就能以更加平和的心态与孩子相处，既不会因夫妻关系的疏离而过度依赖孩子，也不会因争吵而忽略孩子的成长。当孩子逐渐走向独立，和谐稳定的夫妻关系将帮助父母顺利接受并度过与孩子的分离期，让孩子拥有一个心灵的避风港，同时满怀信心地走向属于自己的世界。

然而，如果夫妻关系出现问题且无法得到妥善处理，家庭关系就容易陷入动荡之中。作为家庭系统的一员，孩子往往会不自觉地被卷入其中。当父母无法在自己的角色中站稳脚跟时，就容易出现角色混乱，甚至让亲子关系凌驾于夫妻关系之上，从而带来一系列负面效应。孩子可能不得不压抑自我去照顾父母的情绪，体验在双亲之间选边站的痛苦挣扎，承担起不属于他们的责任。这种紧张或冷漠的家庭氛围会对孩子的情绪体验、支持系统、关系建立以及内在安全感的形成造成深远影响。对于大学生而言，复杂的家庭关系仍然可能成为他们难以承受的心理负担。

值得注意的是，良好的家庭氛围并非仅仅取决于"表面的结构完整"。父母有权利选择自己的婚姻生活，只要他们能够坚守父母的角色，不将婚姻的恩怨和个人情绪强加于孩子身上，让孩子感受到无条件的爱与关怀，同时照顾好自己，过好自己的生活，孩子依然能够感受到温暖和谐的氛围。在后续的文章中，我们将对此进行更深入的探讨。

建立和经营良好的家庭关系并非易事，婚姻是一场漫长的修行，亲子关系也是一项需要不断学习的课题，而一个自洽的自我是营造和谐家庭关系的前提。在成为爱人、家长之前，我们首先是一个独立的个体。如果我们能够借助关系更好地认识自己、疗愈自己、成长自己，那么在收获良好家庭关系的同时，也将获得自我滋养的力量。自爱而后爱人，让孩子在坚定被爱、边界清晰和温暖支持的氛围中成长，将成为他们情绪稳定、内核强大的基石。和谐的家庭关系，是送给孩子最珍贵的礼物。

第五章 一场坚定而温暖的分别

有很多的爱指向相守,而有一种爱指向分离。我们满怀祝福,期待着你走出属于自己的波澜壮阔;我们心中有爱,在需要的时刻,随时预备重逢。

21 新生家长如何助力大学生

漂流瓶：

　　我是东大一位新生的家长。现在孩子的心理问题挺常见的，身边有不止一个亲戚朋友的孩子遇到了心理问题。孩子进入大学了，我不太了解大学生有什么心理特点，作为父母应该如何与他相处，需要注意些什么。您是专家，想听听您的建议。

——家长：风雨人生路

小港的回复

风雨人生路：

　　您好！感谢您的来信。当下心理问题确实屡见不鲜，联合国世界卫生组织曾指出："健康不仅是没有疾病，而且包括躯体健康、心理健康、社会适应良好和道德健康。"心理健康是健康不可或缺的一部分。我能够感受到您是一位非常有责任心的家长，对孩子的心理健康十分关心，这真的很难得。

　　我们往往认为孩子进入大学就已经独立成人，但实际上，这个阶段的大学生正处于从青少年到青年早期的过渡阶段，即成年初显期。根据著名心理学家埃里克森的心理社会发展阶段理论，这一阶段的青年需要完成的任务逐渐从建立自我同一性向获得亲密感发展，他们在形成稳定、清晰、统一的自我认识的同时，也在体验爱情、发展友谊，以避免孤独。在生理上，他们已基本成熟，但在社会意义和心理层面上，他们的发展仍存在矛盾。一方面，他们的心理层面快速发展，具有强烈的自我意识和独立意识；另一方面，他们的心理发展尚不稳定，经济上仍依赖父母，与社会接触较少，距离真正的独立和成熟还有一段距离。

从高中步入大学，同学们需要在学习、人际、生活、环境等多方面进行适应，并伴随着一些情绪波动和认知困惑。心理上可能会出现多种变化，这是成长过程中非常正常的现象，也是走向成熟的必经之路。大学环境竞争激烈，相比中学更为复杂。一些大学生由于在成长过程中较少经历挫折，因此在遇到学业挫败、人际冲突时容易感受到较大打击，心理波动和情绪起伏较大，甚至引发较大的心理冲突，这时需要老师、家长和朋友的支持。

在成长的旅途中，学校是他们施展才华的舞台，家则是他们坚强的后盾。每一位老师和家长都是他们极其重要的社会资源。那么，家长朋友如何才能更好地支持大学生呢？

第一，希望家长朋友关注大学生的心理健康。

您已经有了很好的心理意识。要关注大学生的心理健康，尽早发现问题并防患于未然，可以着眼于以下三个方面：一是他们的社会功能，即能否正常参与学习、与老师同学交流以及完成各项生活事宜；二是生活日常，如睡眠是否安稳、饮食是否规律；三是在大学是否遭遇重大挫折，如成绩下滑、恋爱问题、身体疾病或家庭变故等。另外，即使外在看似一切正常，也需要与孩子沟通，倾听他们内心的感受和情绪状态。当然，这需要建立在良好的亲子关系基础之上。

第二，希望家长朋友给予大学生理解和接纳。

东大汇聚了来自全国各地的优秀学子，他们曾是同龄人中的佼佼者。在这里相遇后，他们成为共同奋进的伙伴，但同时也难免产生新的竞争和对比。这可能导致期待值过高、缺乏学习目标、暂未适应课程节奏或学业焦虑等问题。希望家长朋友能够放平心态，给予孩子一些调整和适应的空间。倾听和理解他们的难过与失落，支持和鼓励他们面对挫折与挑战，看见并欣赏他们在不同维度的优势和成长，允许他们开拓和丰富人生追求，寻找自己的定位并规划人生。家长的接纳是他们最重要的支持力量和动力源泉，也是最宝贵的财富。

第三，希望家长朋友给予大学生积极的引导。

大学生步入新生活后，可能会遇到自我认知、学习适应、恋爱情感、人际交往、职业选择等多方面的困扰，也难免会面对现实与理想的落差。这些困扰如果经过积极的认知调整和行为改善或许可以得到解决；但如果处理不当，也可能引发更大的问题，甚至对个人的身心发展产生影响。作为成年初显期的大学生，多数同学的认识和思考还不够成熟，家长朋友可以适时给予积极引导以及重大选择的信息参考，在为孩子提供支持的同时，也要给予他们自主选择和发展的空间。当然，最重要的还是要成为他们的聆听者，鼓励他们多与人交流，学会主动寻求支持并锻炼自主能力。

第四，希望家长朋友好好照顾自己。

孩子离家求学可能会让我们感到有些不适应。很多家庭重新变回二人世界，一些家长朋友之前为孩子倾注了很多心血，容易一下子感到失去重心甚至空虚迷茫。因此，我们需要调整心态，做好与孩子的分离准备，并关照自己的身心健康，去体验属于自己的生活。比如参与体育锻炼、培养兴趣爱好、结交新朋友、增加夫妻互动等。看到父母生活幸福，孩子往往更能安心离家投入学业，而父母的稳定情绪和家庭的温暖氛围也更容易促进良好亲子关系的形成，让家成为同学们的安全避风港，带来疗愈的力量。

虽然大学生处在一个特殊的年龄段，但家长朋友也不必过于担心。大学生充满着成长的活力和探索的精神。只要我们给予他们足够的养料和空间,绝大多数大学生都能平稳度过大学生涯。

愿我们更能理解和懂得大学生,积极倾听,有效沟通,成为他们前进时的支持者、困难时的后盾、成功时的粉丝以及休憩时的港湾。支持他们走向独立,也希望家长朋友们能够照顾好自己,过得安然、舒适、开心。

——小港

22　家长如何与大学生沟通

漂流瓶：

　　我很苦恼，孩子和我们之间的距离越来越远了。不仅是孩子离家远了，更是心的距离远了。孩子从以前的事事报备到现在与我们无话可说，甚至我们多问两句就会开始生气吵架。我们既伤心又不知所措，想知道为什么现在孩子不愿意和我们交流了，有什么办法可以帮助缓和亲子之间的紧张氛围，促进交流呢？

——家长：语言艺术家

小港的回复

语言艺术家：

　　您好！感谢来信。我很能理解您的无奈和无措，您来信中提到的情况具有普遍性。孩子进入大学后，大多与家长不在同一个城市生活，无法常常见面，这给彼此之间的沟通带来了挑战。有家长苦恼于孩子几乎不主动联系自己，自己想联系孩子又怕打扰他学习；有家长和孩子说不了几句就"无话可聊"，问什么问题，孩子都用一两句话敷衍过去；有家长和孩子聊不了几句就会引发争吵，不欢而散；还有家长发现孩子屏蔽了自己的微信朋友圈、QQ空间等，想了解孩子的生活却无从下手。

　　从事事报备到无话可说，这种转变也许与大学生正走向独立，更关注和同伴的交往，更愿意与信赖的朋友倾诉有关，也可能与家长和孩子的沟通方式有关。父母和孩子之间顺畅有效的沟通是互动信息、传递情感的必要通道，那么，家长朋友如何促进与大学生的沟通呢？我们首先需要明白沟通的底层逻辑。

第一，重要的是探究不愿意沟通的原因。

不愿沟通本身代表着一种沟通的姿态，这种姿态说明此类沟通并不是孩子所喜爱或需要的。重要的不是去指责孩子的无理或不孝，而是思考：万事皆有因，孩子是从什么时候开始不愿和我们交流的？在交流哪些话题时他更愿意表达，哪些话题时他更加沉默？当聊到什么时可能会引发争吵和不快……了解孩子不愿意沟通的原因，才能对症下药。

第二，好的关系是沟通的前提。

沟通僵局往往并不仅仅源于沟通技巧的问题，而是一种关系的反应。如果孩子在关系中没有体验到被尊重、被理解，就很容易产生厌烦或逆反心理，从而拒绝沟通和表达。家长朋友在和大学生沟通时，需要保持平等和尊重的心态，把大学生当作成年人来对待。越是亲近的关系，越需要真诚的表达，更需要尊重来打底。如果家长对和孩子的沟通状况不太满意，可以平等地和孩子讨论，了解孩子如何看待和父母的沟通，希望沟通哪些话题，希望父母如何回应等。

第三，沟通的重点是对人的关注。

沟通关注的重点是孩子这个人本身，而不是他的成绩。一些家长过于关注孩子的成绩，甚至聊成绩多过聊个人。如果家长每次打电话都问最近学习怎么样，而较少关心孩子的日常状况和心理状态，就可能让他感到你们在意的是他的学习，而不是他本身，从而内心感到失落，也容易让孩子接到父母的电话就备感压力。我们可以关心孩子的成绩，但更重要的是关心这个考试的人——他怎么了，他如何看待这门考试，这个成绩对他意味着什么。这样，对话就不再只有冰冷的要求，而是充满温情。

第四，轻松平和的心态让沟通更自在。

一些父母习惯掌控孩子的生活，容易陷入焦虑，担心孩子发生什么自己不知道的事情，于是过于频繁地和孩子联系，事无巨细地询问状况，这样比较容易引发孩子的反感。大学生不希望被当成小学生一样对待，他们希望得到更多的信任。所以，家长朋友需要先放平自己的心态，安定自我的焦虑，以更平和的状态去进行沟通。让孩子感到父母并不想抓住他、监督他、找他的毛病，而是真的关心他，对年轻人的生活有好奇和向往。这样，他反而更愿意靠近你，父母和孩子的关系就从追逃模式中解脱出来。

此外，在沟通操作的部分，我们可以注意以下几点：

第一，倾听重于表达。

在沟通中，相比道理的传授，大学生更需要倾听和理解。虽然大学生进入了新的圈子，和同龄人更有共同语言，但很多大学生依然感受到内心的孤独，他们其实非常需要被理解和看见。如果父母可以倾听孩子、理解孩子，相信他们也会愿意和家人分享喜怒哀乐，从父母这里感受到内心的慰藉和情感的支持。

第二，增加聊天的话题。

沟通中，一些家长的提问比较程序化，比如"学习怎么样？""吃饭怎么样？""钱够不够？"这样的关心本身很好，但无法引申出更多内在对话。如果想更多谈谈内心的真实感受，除了良好的关系基础，还可以有更多开放性的提问，对大学生的想法保持好奇，听他说说校园的故事、新鲜的体验、他的感受和看法等，并给予积极的反馈。

第三，放下过多的评判。

一些家长容易对孩子的表达给出自己的评价甚至批评。比如看到孩子朋友圈的一些内容，家长觉得不符合自己的期待——休息得太晚、吃得不够健康、出去玩花费了时间等，就会提出负面反馈。这会让孩子觉得"多一事不如少一事"，不让你知道反而耳根清净。用命令和要求的方式一味输出过来人的看法和经验，对于大学生来说已经不适用了，我们可以多听孩子的想法，多给予肯定和鼓励。如果自己有一些想法和建议，需要在平等尊重的基础上去表达，而不一味否定和指责，这样，孩子也会有表达的安全感。

任何时候都可以开始建立新的沟通模式，但切勿急于求变。越难沟通的孩子往往有自己的心结或过往不愉快的沟通经历。如果孩子没有准备好，请尊重他的节奏，让自己的改变慢慢带动他的改变，相信他会感受到父母的变化。在一定的时机，我们终将迎来春暖花开。

——小港

23 如何面对成为"空巢老人"

漂流瓶:

　　我是一位大学生新生的家长。以前总是听到"空巢老人",觉得离自己很远,但哪曾想,随着孩子进入大学,自己在情感上竟然真的变成了"空巢老人"。有时会觉得很难过,这些情绪无处诉说,也不知道应该怎么做来帮助自己缓解这种情绪。

——家长:温暖的守候

小港的回复

温暖的守候:

　　您好!感谢来信。您提到的"空巢期"是每个人在一定阶段都会面临的人生课题。突然进入"空巢期",我们会经历一个适应的过程,这个过程中产生一系列情绪反应是非常正常的。

　　在这里,我想跟您分享"家庭生命周期"的概念。家庭不仅是一个称谓或多人的简单组合,更是一个充满组织、系统、互动与情感的有机体。每个家庭和每个人一样,都是有生命的,会伴随着家庭成员的成长而步入不同的阶段,从诞生到衰亡。

　　家庭生命周期的概念由美国人类学学者 P.C·格利克于 1947 年首先提出。我国心理学家孟馥教授在《从出生到独立》一书中,将家庭生命周期的六个阶段命名为：独立成人期、新婚成家期、养育新人期、孩子成长期、空巢期、夕阳晚景期。不同世代的家庭，其生命周期会出现交集，大学生正处于独立成人期，而他们的父母则可能正处于空巢期。

在这个阶段，青年人需要初步完成与原生家庭的分离，发展自己的亲密关系和友谊，逐渐在情感和经济上取得独立，成为一个与父母不同的独立个体，拥有自己的空间。这个阶段的一个重要标志是青年人"离家"，他们可以离开家独立发展，同时也可以与家庭保持必要的联系，在需要支持时寻求家庭的帮助。

与此同时，父母家庭则进入了空巢期。不仅大学生离家面临挑战，父母面对空巢同样需要适应。随着大学生外出读书，父母在很大程度上从照顾子女的责任中解脱出来，进入夫妻二人关系阶段。这个阶段常见的问题是，曾经被照顾孩子所掩盖的婚姻问题和危机可能重新浮出水面，变得更加凸显和尖锐；或者孩子离家后，家庭生活变得单调而空虚，父母感到孤单和沮丧。一些家长曾经的主要任务是照顾孩子，现在孩子不在身边，容易感觉自己突然"没有作用"了，仿佛人生进程失去了前进的方向，变得迷茫。同时，家长需要真正在心理上接受"孩子已经不再完全属于我们，而是属于他自己"的事实，这其中可能伴随着深深的失落感。

那么，我们可以做些什么来帮助自己适应"空巢期"呢？

一、探究难过之源

尝试去体验这种难过到底来自哪里：是没有人陪伴的孤独，找不到生活重心的迷茫，孩子不再"属于"自己的失落，还是家庭关系的纠结……然后针对具体的问题寻求解决方法。思考过去是否让孩子成为自己情感交流的重要对象和生活关注的重心？除了孩子，还有哪些人可以和自己交流情感、分享情绪？还有哪些事可以让自己感到愉悦、获得价值感？

二、经营夫妻关系

家庭"问题"容易在家庭发展周期转换时出现,孩子离家对夫妻关系是一个很大的考验。如果家庭中父母的连接较弱,父母中的一方容易和孩子形成过于紧密的连接,把重心放在孩子身上,也从孩子这里获得支持和陪伴,孩子离家后,这样的父母更容易感到迷茫和不适应。在这个阶段,夫妻关系尤为重要,夫妻间的支持和陪伴能让生活不那么孤单;交流和分享能让情感有所依托。可以把关注点放回夫妻关系上,处理关系中的矛盾,经营二人世界,帮助家庭平稳度过空巢期,也从中获得情感的抚慰。

三、丰富生活体验

一些父母因为各种原因无法获得另一半的陪伴,但同样可以活得有声有色。家长可以建立自己的生活圈,之前想做而没有时间做的事情现在都有机会去尝试。比如培养一些兴趣爱好,结交一些志同道合的朋友,和朋友一起做一些有趣的事情,或者制定一个自我实现的小目标等。让自己内外兼修、开心充实起来。

四、实现自我独立

适应"空巢期",父母本身需要是精神独立、能够自我照顾的成年人。需要提醒的是,如果自己的情绪难以调节,不要过度依赖孩子来获取情感慰藉或突破和孩子关系的边界。当家庭成员没有很好地适应家庭生命周期的变化时,可能会产生问题,孩子可能被卷入其中。所以,守好边界、积极进行调整是最好的选择。如果自己无法完成适应和调整,也可以考虑寻求专业人士的帮助来稳定情绪、成长自我,这是一个自我改变的良好契机。

在春天播种，秋天收获，在每一个时节完成新的使命。孩子离家进入大学不仅是孩子个人进入了新的发展阶段，也是家庭进入了新的生命发展周期。这时，需要家庭成员共同努力，各自走上新的旅途。而"空巢老人"也是"新生的生命"，将迎来新的人生风景。

祝风景独好！

——小港

24 一场坚定而温暖的分别

漂流瓶：

　　今年孩子上大学了，我们送他到学校。孩子表现得挺不舍得，分别后我们也感到不太放心。孩子长这么大，从来没有离家这么远、这么久。不知道如何让孩子安心离家，适应大学生活。

——家长：一年四季

小港的回复

一年四季：

　　您好！感谢来信。面对第一次远走他乡求学的孩子，我非常理解您的担心。每年的新生开学季，都会看到这样的场景：很多家庭全家出动，大包小包，依依不舍，与孩子做一次特殊的分别。也许正是从这一刻起，父母真正开始望向子女渐渐远去的背影，心中百感交集。

　　这场分别并不容易。家长不仅要接受物理距离上的分别，更要接受心理上的分别。我们需要真正接纳孩子已经成为一个大人，一个可以掌控自己生活的个体。他就像第一次离开巢穴的小雁，跌跌撞撞，一路向前。生活既赋予他强大的勇气，也带给他成长之路上必经的"风雨"。他渴望自由，但同时也依然需要可以让他回归的港湾。

　　走向"独立成人期"看似是孩子的功课，其实也是对父母的挑战。父母需要转变心态，进行自我调适，放手孩子的未来，帮助孩子安心离家。对此，我有以下几点建议想与家长朋友分享。

一、信任和放手，鼓励孩子自我管理

大学生离家有时并不容易，一些家庭对子女过度保护，父母凡事亲力亲为，没有培养孩子的自主性和独立性。虽然孩子的年龄已达到离家的标准，但心理成熟度远远不够，无法自理生活、建立友谊、选择人生。所谓的"妈宝男、妈宝女"，很多时候是无法真正在心理上"断奶"的人。

过多控制和干预容易让孩子难以适应大学生活。有的家长每天多次联系孩子，希望时刻了解孩子的吃喝起居，监督孩子作业和休闲的时间分配，以免出现任何差池。这看似是一种关心和爱的表达，但背后可能是内在的焦虑在作祟。如果大学生习惯和接纳这样的模式，那他将无法真正长大。因此，我们需要按照当下适合的关系模式，把孩子当成一个大人去看待，相信他拥有成长的能力，鼓励他逐步成长为一个独立的人——一个可以管控自己、照顾自己的人，而不是一个离不开父母的人。

二、关注自身关系，让孩子内心安定

大学生虽然不在家中，但依然与家庭有着千丝万缕的联系。如果孩子和家庭能够比较好地分化，就能更好地离家。这一方面需要父母能够真正允许孩子独立；另一方面需要父母能够理清关系，照顾好自己。

如果父母关系和谐、内在稳定，孩子就更容易拥有安全感，在轻松愉快的关系中获得养分，积极投入自我发展。同时，当父母的情绪稳定、家庭氛围温暖时，也容易形成良好的亲子关系，家会成为安全的心屋，带给孩子疗愈和力量。如果父母过度牵绊，无法切断和孩子纠缠的情感连接，或者因为无法处理夫妻关系的矛盾而需要孩子的支持，孩子则容易被卷入到父母的矛盾中。他们会分散能量，花费很多心思关注父母的关系，帮助父母解决矛盾，从而无法放心离开父母，专心投入大学生活。家庭的动荡甚至会让离家的青年人反复返家，出现情绪异常，在学业、亲密关系、社会化等方面遇到困难。他们用各种理由来践行对家庭的忠诚，不惜牺牲自我发展。

因此，父母需要调整好自我状态。孩子进入大学后，父母也得以从忙碌中抽出闲暇，有更多时间去关照自己、丰富自己。可以做一些锻炼、培养兴趣爱好、结交新的朋友等，关注自己的身心健康。此外，孩子离巢后的生活主要是夫妻相伴，父母可以把眼光收回到和爱人的关系中，增加夫妻互动，经营好夫妻关系。

三、提供适当支持，做到"分"而不"别"

这场分别不是完全的切断。虽然心理上有了更大的空间，但内心依然有着紧密的连接。大学生在心理上仍不足够成熟，步入大学也可能遇到多方面的挑战，需要父母的倾听和支持。当他们遇到困难或者处于重要节点时，父母应给予积极的引导和建议。当他们出现问题时，先不要过多指责，而是要看到问题背后的症结，给予支持。

维持一种既有温度又有边界的距离是父母和孩子需要学习的课题。面对大学生，父母要鼓励他们走向独立，支持他们放心去飞，同时告诉孩子，父母永远是他们的精神依靠，如果遇到不顺心的时候，随时可以回到家充电，为更好地迎接挑战蓄力。

四、处理内在焦虑，化担心为祝福之爱

将近二十年的养育慢慢开出了"花"，这朵精心浇灌的花即将离开自己的视线，在风雨中不断成长，此刻父母的情绪是复杂的，可能有喜悦、不舍、失落、担心……面对内在的担心和焦虑，父母需要觉察焦虑的来源，并且处理自己的焦虑。也可以尝试把对孩子的担心转化为一种祝福之爱，给孩子更多信任和允许，祝福这朵"生命之花"更灿烂地绽放，活出自己的精彩，超越我们的所限。

等待花开的过程也是园丁感受喜悦和收获意义的过程。我们并没有彼此遗忘,只是各自走向不同的旅程,走向更广阔的人生,走向自己的幸福之路。我们分别,却早已在心里牢牢生根。我们彼此有爱,在需要的时刻,随时预备重逢。

让孩子知道:我们目送你、祝福你、心疼你、关心你、相信你,也随时愿意保护你、支持你。我们永远深深地爱着你。我们分别,但是我们一直都在。

人生中总要有这么一场坚定而温暖的分别。

——小港

25 如何给孩子稳稳的爱

漂流瓶：

　　我是一位大学生的母亲，不知道孩子在学校过得怎么样，很担心他住在学校无法照顾好自己，学习上会不会受影响，担心孩子学习成绩会下降，拿不到免研名额。现在找工作那么难，不读研的话未来找工作会受限。每次打电话给孩子想关心一下他的情况，没两句话就被挂断了。孩子不能理解我们作为父母的良苦用心。还希望老师可以给我们一些宝贵的建议，谢谢！

——家长：坚实的臂膀

小港的回复

坚实的臂膀：

　　您好！通过您的来信，我能感受到一位妈妈满满的爱和不安的心。绝大多数家长都对孩子充满爱，但这份爱也常常夹杂着担心和焦虑。一些家长难以适应孩子已长大成人，总担心他们在大学的生活状况、舍友关系、专业前景、学习难题、考试通过情况，以及学校管理等问题。一旦想到孩子可能遇到的困难，家长便忧心忡忡。

　　我非常理解家长的心情，因为孩子不在身边，家长容易忍不住担心孩子的学习和生活。如果家长的内心被担心填满，就很难保持内在的平静。

而对于大学生来说，适度的关心是有益的，过度的担心则可能产生负面影响。因此，孩子挂断您的电话，其实是想屏蔽这种焦虑的情绪。借着您的问题，我们一起来探讨一下，作为父母，如何给大学生稳稳的爱。

一、看见和理解自己的焦虑

家长朋友可以暂且放下担心，通过觉察自己的焦虑情绪，静下心来思考一下焦虑的来源，看看它是否与自己的成长经历、人生信念，对未来的不确定感以及内心的不安全感有关。

受时代和家庭教育的影响，一些家长学到的是只有"吃苦"，才能成为"人上人"，感到只有努力才能改变命运，否则就会面临"失败的人生"。因此，他们不敢尽情享受快乐，生怕快乐会带来惩罚。这种心态也容易被带到对孩子的教育中，担心孩子在大学自由的环境中会过度享受快乐，进而荒废学业。

另外，时代变迁迅速，未来充满不确定性，这让我们容易缺乏底气和信心。对于孩子的人生道路，我们难以保持原有的掌控感。随着社会竞争日益激烈，家长对孩子的期待越来越高，希望他们具备更强的能力、取得更好的成绩，以便走向未来的"成功"。一些家长坚信，好学历等同于好未来，难以接受孩子人生路上的任何偏差，生怕一步错步步错，因此对孩子未来的不确定性深感忧虑。

二、父母是孩子看世界的镜子

有以上想法是非常正常的，也是可以理解的，但并不意味着它们是合理的。家长的过度焦虑会消耗自身大量的能量，也往往无法给孩子提供有力的支持。家长面对孩子的成长时，如果感受到的更多是焦虑情绪，却又希望孩子能够淡定地迎接人生的挑战，这是矛盾的。一些大学生对于问题本身并不那么焦虑，但是看到父母的反应很大，就会不自觉地觉得事情可能不那么简单，从而陷入焦虑状态。他们往往有许多"人生大理想"要去实现，不甘心做一个普通人，因此容易陷入紧绷状态，体验到自我挫败和否定。他们身心俱疲，却仍"风雨兼程"，对未来充满担忧，不知道哪里才是努力的终点。

三、处理自己的焦虑情绪

承认这些焦虑，并且灵活地调节和处理自己的焦虑情绪，可以让父母拥有更好的心理状态。或许我们无法很快让自己不再担心，但可以尝试去做的是，当担心不自觉地升起时，努力觉察到它，然后在心里默默地按下暂停键，告诉自己："这是我的担心，这不是事实。"如果我们暂时没有办法暂停自己的焦虑，至少可以努力不把焦虑通过电话等方式传递给孩子，而是将情绪处理当成自己的功课，能够学习应对、充实生活、调整自我。

四、给大学生稳稳的爱

面对学业压力、社会交往、情感问题等多重挑战，大学生更需要父母在精神方面的支持和理解。父母稳定、平和的心态是建立良好亲子关系的基石，而放松、温和的爱是孩子力量的源泉，也是他们成长的养分。通过有效的沟通和理解，父母可以为孩子提供必要的支持和指导，帮助他们应对挑战，促进其心理健康发展。

（1）全面看待孩子

焦虑的家长往往过分重视学业成绩和荣誉等功利性指标，而忽视了人际交往和情绪调节等发展性指标的重要性。从心理老师的视角来看，大学生的心理健康和未来发展并不完全取决于成绩和荣誉，个人的长远发展依赖于自我接纳、自我了解和自我信任。因此，对孩子的评价应超越单一指标，综合考量其多方面的发展，帮助他们全面认识自我，挖掘潜力，增强自我效能感。

（2）理解和信任孩子

被理解是孩子成长发展过程中的基本需要之一。当孩子面临难题时，家长应避免以旁观或评判的姿态审视，以免孩子长期处于被监管的紧张氛围中；应培养同理心，尝试从孩子的视角思考问题，关注他的内心世界，理解事件对他的意义及行为背后的原因。当孩子不是很想聊的时候，给他一些空间。同时，给予孩子更多信任，相信孩子有成长生存的智慧，让孩子在被理解和支持中萌生出力量。

（3）将自己的期待调至合理的范围

家长不妨想一想，自己对孩子的最大期望是什么？这些期望是源于自身未竟的梦想或内在的不安，还是真正基于孩子的需求？一方面，家长可以鼓励孩子根据自身实际设定大学及人生目标，这些目标应多元化、个性化，避免以"他人标准"为参照。另一方面，有时候现实和理想存在差距，家长应从结果导向转变为过程导向，支持孩子去探索、成长，找到属于自己的位置，等待他的绽放。

世上的花有千百种，不一定每个人都要成为玫瑰，也不一定每一朵花都绽放在春天。进入大学，刚好可以给孩子一个机会，让他学会独立生活、自我思考。家长不需给他指定的轨迹和方向，只需要给他恰到好处的关心和稳稳的爱，见证他的成长与收获。相信他会走出属于自己的幸福人生。

——小港

第六章

如何唤醒一个『装睡』的孩子

进入大学的孩子也会遇到各种各样的『问题』，需要家长朋友透过问题看到孩子内在的渴望，坚信孩子的价值，给予平等的沟通，成为他的盟友，与他一起成长。

26 陪读：如何唤醒一个"装睡"的孩子

漂流瓶：

　　我是一位陪读家长，孩子大四延毕，还有好几门课没有过，在陪读的过程中遇到很大的困难。孩子一开始很反对我来陪读，现在生活上跟我关系还可以，不吵也不闹，话不多但也能交流。学习上你说的他都答应，但就是不去做。答应你去学，只是不想惹你生气，其实做不做还得靠他自己，我们只是监督，有时费了很大的劲儿也没有用，感觉孩子很快就要"废"了，不知道怎么做才能"叫醒"他。

——家长：路漫漫修远兮

小港的回复

路漫漫修远兮：

　　您好！感谢您的来信。我能理解您的担忧和困惑，也能感受到您作为一位负责任的母亲，对孩子的深切期望，希望他能振作起来，完成学业。面对孩子可能无法毕业的风险，相信每位家长都会感到焦急，而那种全力付出却似乎收效甚微的感觉，就像拳头打在了棉花上，让人备感无力和沮丧。

　　当大学生面临严重的学业或心理问题，难以独自应对校园生活和学业时，往往需要家长的陪读来提供支持。然而，陪读对于家长和学生来说，都意味着不小的挑战和压力。

一、陪读对大学生的挑战

对于大学生而言，需要父母贴身照顾是一件不太寻常的事，可能被视为一种"失败"。大学生活本应是集体生活，陪读可能让孩子感到面子受损。因此，在陪读过程中，家长需要注意一些细节，比如上学送到哪里、什么时候比较方便到校等，都应与孩子协商，照顾到孩子的需求。有些学生认为让父母陪读会给父母带来很大麻烦，尤其是当父母需要请长假，甚至辞职，离家到异地租房陪读时。想到父母为自己付出了这么多，大学生可能感到愧疚和无颜面对，从而产生巨大的心理负担。另外，部分学生的问题往往与家庭环境密切相关，如果家长与孩子的沟通方式和相处模式让学生感到不适，父母的过度接近反而可能成为他们额外的压力源，因此，学生会对家长的陪读行为表现出排斥。

学生有反感情绪说明他能够独立思考，家长可以心平气和地与他沟通，了解他对自己的问题是怎么看的？打算怎样去解决？他对父母来学校是怎么看的？有什么样的担心？并关注他态度背后的想法和原因。家长朋友要把"没有办法完全照顾好自己的孩子"当成有独立意志的、可以为自己负责的、平等的成年人去对话，尊重他们的独立性，同时理解他们暂时遇到了困难，需要支持来渡过难关。如果亲子关系本身存在问题，沟通不够顺畅，也可请孩子比较信任的第三方来协助沟通，从而更好地了解他的真实想法。

二、陪读对家长的挑战

对于家长来说，陪读同样会带来巨大的压力。有家长感叹陪读比上班还要累，因为不仅要照顾孩子的生活，督促学业，还要提供心理支持。在陪读过程中，家长不仅可能与孩子产生冲突，需要与老师多次沟通，还要面对自身的孤独感。此外，陪读可能导致家长暂时无法工作，增加经济压力，影响职业发展。从家庭结构来看，为了孩子，夫妻可能不得不分居，适应新的家庭模式。同时，孩子作为曾经的佼佼者，现在却需要陪读，家长可能很难面对外界的眼光，与亲戚朋友等解释现状。每一位陪读父母的内心也经历了很大的波澜，才能心平气和地来到孩子身边。

陪读家长应先处理自己的内心压力，坦然接受陪读的事实，然后与孩子坦诚交流自己的想法，告诉孩子自己的计划和准备，以及如何看待当前的问题和陪读。让孩子知道家是他们的精神支柱，父母永远是他们坚强的后盾，愿意陪伴他们共渡难关。大学生的问题往往是对父母改变的呼唤，因此陪读家长也需要学习和调整，以更好地支持孩子。

三、陪读过程中需关注的要点

在陪读过程中，以下几点非常重要。

第一，建立良好的陪伴关系。陪伴意味着一种平等的姿态，是一种合作式的亲子关系。在陪读过程中，家长应给予孩子充分的尊重和关爱，同时给他一定的个人空间，不过分入侵，让孩子感到和你的关系是轻松的、安适的，而不是紧张的、耗能的。当孩子感受到父母是来陪伴他走过这个阶段，而不是来监视他时，就会放下防备，愿意和你更好地交流与协作。

第二，倾听和理解孩子的内心。陪读家长和孩子可能都感到痛苦。家长的痛苦可以外化，而孩子的痛苦往往难以言表，因为是他"没有做好"才让家长如此麻烦。家长应放下对问题的过度关注，避免一味指责，比如"东大95％的孩子都能做到，你为什么做不到？""我这么苦口婆心地跟你说，你还要玩，你怎么就没有一点紧迫感呢？"这样不仅无益于问题的解决，反而可能使孩子感到被误解和不被重视，导致亲子关系疏远。应尝试理解孩子的感受和困难。例如，可以问："我知道这门课不及格你一定很难过，能告诉我发生了什么吗？"暂时收起讲道理和给建议的冲动，不以"懒惰"或"不自律"简单概括孩子的问题，而是倾听他们的经历，体会他们的感受，看到他们的努力和价值，并在必要时寻求心理中心的帮助，一起探索解决问题的方法。让孩子感受到父母是他们坚强的后盾，是理解他们的。

第三，接纳孩子真实的处境。无论陪读的原因是什么，家长都应认识到这是一个需要时间和耐心的转变过程，不能急于求成，而应依据实际情况灵活调整对孩子的短期期望。每个孩子都有自己的成长节奏，可能与家长的期望存在差异。有些孩子可能表面上看起来进步缓慢，但实际上他们有自己的内在节奏和原因，需要家长耐心陪伴，支持他们逐步走出困境。发自内心的接纳是改变的开始，当家长放下焦虑，看到并接纳真实的孩子时，他们才能逐渐找回力量和勇气，突破眼前的困境。此外，孩子会敏锐地感受到你的表达是出自真心，还是为了让他"好起来"才暂时表现出接纳。

第四，引导孩子为自己的人生负责。家长应给孩子一定的空间，允许他们在人生的某个阶段走一点弯路，但这并不意味着放任自流，而是要让他们明白作为成年人需要为自己的人生负责。如果家长过度干涉，孩子可能会感到压抑并产生逆反心理。相反，当给予孩子适当的空间时，他们会更愿意主动思考和探索。家长可以把为人生负责的主动权交给孩子，让他们明白学习的目的不仅仅是为了学习本身，而是为了过上他们期待的生活。无论选择哪条路，只要认真走，都会有出路，父母都会支持他们。引导孩子自我负责并为未来打算，如此他们就有了成长的动力。

第五，陪读家长也需要照顾好自己。孩子遇到的挑战往往容易成为家长关注的焦点，尤其是当家长远离工作和家庭时，眼前的世界更容易被问题填满，而这对家长和孩子来说都不是理想的状态。陪读家长也应有自己的生活，在陪伴孩子的同时，需要照顾好自己的身心健康。可以通过参加一些活动、进行体育锻炼或与朋友交流等方式丰富自己的生活，保持良好的心理状态。这样不仅有助于缓解孩子的愧疚感，营造轻松的相处氛围，还能对孩子产生积极的影响，形成良性循环。

陪读是一项既耗费体力又耗费心力的任务，也是孩子和家长共同的蜕变过程。许多"装睡"的孩子并非真正想放弃自己，而是无力面对现实。我们无法直接"唤醒"一个"装睡"的孩子，但可以通过真诚接纳和信任来陪伴他们、倾听他们、理解他们，拂去他们心灵的尘埃，看到他们生命的力量。当孩子感受到父母的态度改变时，多半也会有所改观，为问题的解决打开窗口，并愿意"醒来"。

——小港

27 当优秀的孩子不想上学

漂流瓶：

  我的孩子从小成绩名列前茅，学习上几乎没有让我们操过心。但是到了大学之后，成绩平平且还在退步。我们也跟她谈过几次，她都说是因为粗心、大意。最近居然告诉我们不想上学了。不知道是什么原因，也不知道如何是好？

——家长：知足常乐

小港的回复

知足常乐：

  您好！非常能够理解您的心情。一直以来的"优等生"进入大学后，从成绩平平到不想上学，这样的变化难免让家长感到迷茫无措，心理落差之大确实让人难以平静。

  您关注到孩子的成绩，并且及时与她交流，这做得很好。孩子表达不想上学，这实际上是一种诉求。我们依然需要和孩子沟通，并且不要被"不想上学"的诉求吓倒，而是要用心去倾听这些表达背后，她真正想要传达的是什么。

一、寻找孩子不想上学的原因

成绩差的孩子不想上学往往容易理解，但优秀的孩子也可能产生这样的想法，只是原因更加隐秘。学生可能确实遇到了学业困难，出现跟不上、难以达到自己预期等情况。大学生出现学业困难的原因有很多：有同学进入大学后没有找到合适的学习节奏，依然沿用高中的学习方法而不得要领；有同学没有培养起良好的自控力，在没有严格约束的情况下放飞自我，导致功课落下；有同学加入了过多的学生组织，将大量时间用于学生活动，失去了学业与活动的平衡；有同学所在的专业并非自己所擅长，学起来乏味且吃力，容易丧失信心；有同学由于地域教育基础差异，在某些科目上学起来很吃力，看似在同一起跑线上，其实与同学存在差距，因此面临着更大的压力；还有一些专业课难度很大，学生无法像中学时期那样听懂老师课上讲的每一句话。而很多一直以来都很优秀的同学自我要求很高，他们无法接受自己的不解、落后、平凡，也无法放下对每一个细节的追索……一些同学即使在学习上遇到了很大的困难，也碍于面子不愿求助，希望自己解决问题，却感到力不从心。由于一路走来过于顺利，他们对挫折的抵抗力很低。

您的孩子一直都很优秀，现在成绩平平且还在退步，这对她的自我认知是一种挑战。她可能把"粗心"和"大意"当作维持自我形象的理由。看似是孩子不想上学，其实是她无法面对自己的无力和可能的"失败"，所以选择逃避，选择看似摆烂的方式。不去上学，就不会被贴上"成绩平平"和"不够优秀"的标签。曾经有同学跟我说他不想上学了，想去海边开一个小店，养一条狗，那就是他毕生的理想。这个美好的理想背后，并不是他不想学习，而是他真的太累了，不想再去追求那些所谓的成功，不想再感受那些无力。于是，他想象出一个悠闲而美好的理想生活图景，作为自己心灵得以休憩的精神家园。我们需要贴近孩子的心，关心成绩下降的背后，她的内心到底发生了什么。

此外，大学生也可能因为其他方面的难题而影响正常学业，比如同伴关系和亲密关系带来的负面情绪。如果没有办法自我调节和及时求助，有可能会影响生活，甚至产生逃离的想法。您可以关心孩子的生活状态、人际状态，也可以和辅导员沟通，以获得更多信息，更好地理解和支持孩子。

一些家庭压力也可能与孩子不想上学有关，比如父母的高期待会让孩子惧怕做得"不够好"；家庭关系的紧张也可能让孩子无法安心离家求学。我曾见过一个常年服药的学生，他看了多个心理医生还是无法康复。在见过他的家庭之后，我发现他被父母的关系左右拉扯，对家庭的维系起到非常关键的作用，他内在极度矛盾又无法摆脱……这时候，需要家庭共同看见问题之所在，并进行调整和改变，如有需要，可以寻求心理老师等专业人士的支持。

二、关注孩子的心理状态

在工作中，我们发现不想上学的学生很多都伴有情绪问题。成绩优异的学生往往很有毅力，也比较在意自我形象。遇到小问题，他们不会哭天喊地，而是表现出超出寻常的"沉着冷静"，这容易导致情绪的积压，依靠自我调节很难化解。当自己已经彻底无法承担，而出现"不想上学"的念头时，他们的内心已经非常疲惫。这对于身边的人来说，会感觉很突然，甚至无法理解，而对于学生自身而言，内心的痛苦是难以想象的。此时，说教和压迫会让孩子经历更多痛苦和挣扎，因此，我们需要去观察和确认：孩子的情绪状态如何？她想要去做什么？她是否有足够的能量继续学业？是否需要调整和休息？……在讨论这些的时候，要带着关心而非指责，这样可以更好地拉近我们与孩子的距离，给她支持和力量。

三、成为孩子的后盾

多数情况下，我们可以对症下药，与学校共同努力，通过学业支持、心理疏导等方式，帮助孩子慢慢恢复状态。如果综合评估后，认为孩子此刻不适合继续学业，家长朋友需要接纳这个现实，允许孩子进行休整。当然，这需要父母有很强的心理定力和对生活的信心，对孩子有充分的尊重、信任和允许。

在调整的过程中，父母需要放下对成绩的过度执着。我们希望孩子能够积极主动去学习，但是很多时候，家长容易掺杂过多自己的期望或想法，这不仅无法让孩子产生学习兴趣，甚至会导致孩子产生学习倦怠和过度的负担。父母可以引导孩子看到，成绩的退步并不可怕，更不可耻，这可能与很多因素有关。能够在现在的大学保持平平的状态，已经非常不错，我们可以接纳"退步"的发生，想办法做到可能的提升。此外，父母需要看到孩子的优秀，而非只是她优秀的成绩，让她对自己有更多欣赏和信心。可以告诉她，优秀并不是在任何地方都永远名列前茅，而是始终做好自己，找到自己的位置，发光发热。还可以告诉她，不管发生什么，爸爸妈妈永远是她坚强的后盾，为她感到骄傲。如果有需要，可以休整好了再继续学业。通常，当父母能够做到这些时，孩子的能量就会有所注入和提升，愿意打开心扉，也有了往前走的力量。

"不想上学"是一个机会，它帮助我们看见"好"孩子背后的忧伤，支持他们调整心情和预期，寻找新的方法和节奏继续学业。同时，也让学生学会更加接纳和欣赏自己。让孩子继续上学不是最终目的，而是希望她能够真正走在做自己的路上，相信自己的价值，活出真实而有力量的生命。

——小港

28 如何理解大学生的拖延

漂流瓶：

　　我的孩子缺乏自觉性，若不督促便总是拖延，然而督促过多又似乎失去了效用。我担忧孩子是不是因为懒惰而不愿努力，真为他的未来担忧，他将来在工作中该如何应对呢？他常用"其他人也都这样"来搪塞我，我对此感到非常苦恼。面对这种情况，我该如何帮助孩子改掉拖延的习惯？

——家长：时光如金

小港的回复

时光如金：

　　您好，感谢您的提问！您是一位极其负责任的家长，对孩子的状况了如指掌。拖延确实是现代人普遍面临的问题，尤其在大学生群体中更为常见。大学生需要应对各种任务，DDL（截止日期）往往接踵而至，稍不留神便会陷入拖延的漩涡。

　　家长对孩子的关爱与关切之情可以理解，由于距离的限制，家长虽然深知培养孩子自律意识的重要性，却往往缺乏有效的手段。作为大学生的家长，过分严厉的督促可能只会治标不治本，甚至产生反效果。我们需要思考的是，如何真正激发孩子的自控力和主动性，而非仅仅站在他们身后挥舞小皮鞭。那么，究竟如何帮助孩子改善拖延行为呢？

首先，让我们从另一个角度来理解拖延。

拖延仅仅是一种行为表现，其背后的原因复杂多样，并不完全等同于懒惰。一方面，我们要深入了解孩子的拖延是否存在内在原因。

拖延可能是对不擅长事物的回避。有些大学生由于所学专业并非自己所愿，或课程难度超出预期，进入大学后迷失方向，未能找到个人兴趣所在。面对不感兴趣或不擅长的任务，他们难以获得正面反馈，因此感到压力重重，往往难以坚持，进而选择逃避和拖延。他们宁愿被误解为态度问题，也不愿暴露自己的"无能"。

拖延还可能是因为不知如何着手。某些任务对大学生来说难度过大，导致他们无从下手，又羞于开口求助，于是只好搁置一旁，直到最后关头才匆忙应对，缺乏积极主动的行动力。

此外，拖延也可能源于对完美的过分追求。一些大学生对自己要求极高，希望通过表现出色来证明自己的价值。他们往往制定过于宏大甚至难以实现的计划，认为只有超越常人才能体现自己的能力。因此，他们在构思最完美、最周全的方案时迟迟无法下笔，担心自己的作品不够完美，开始就意味着可能失败，从而呈现出拖延的状态。

另一方面，我们也要了解孩子的拖延是否存在外在原因。例如，孩子在进入大学前是否已养成良好的学习习惯？在以往的学习过程中是否需要外部力量的推动和监督？进入大学后，由于失去了外部的监管，孩子可能表现出拖延的行为。

我们不妨从孩子的内在心理状态和外在学习习惯两个方面入手，与他一起探寻原因，并思考如何对症下药。

其次，支持孩子进行自我调整。

东大的学生大多不甘人后，严重的拖延问题往往源于内心的冲突和挣扎，导致他们耗费大量时间和精力在精神内耗上，而无法专注于实际行动。他们一方面想证明自己并不比别人差，另一方面又因种种原因难以获得好的反馈，从而陷入沮丧和无力之中。在拖延的同时，他们往往也感到焦虑不安，并不享受拖延的过程，即使表面上看起来"无所事事"。

如果孩子内心渴望优秀，家长的过分督促可能会加剧他们的焦虑情绪，频繁的说教也容易引发大学生的抵触心理。因此，家长朋友可以多关心孩子在学校的日常琐事，倾听他们的情绪表达，并给予正向的回应。比如询问他们的学习是否顺利、生活是否开心、科研路上是否遇到瓶颈和障碍等。同时，给予他们更多的支持和理解，引导他们调整对目标的心理预期，避免过高的自我要求，看到自己的价值和闪光点，接纳自己的平凡和有限。鼓励他们在遇到困难时及时求助、取长补短，以减少内耗。

如果是行为习惯上的问题，家长可以在理解的基础上适当给予建议和提醒。比如建议孩子制定计划表并设定奖励机制；尽量屏蔽外在干扰因素，如网络和游戏的诱惑、无效社交和琐事的打扰；寻求集体协作和相互监督；将截止日期提前以增加紧迫感等。引导孩子学会独立安排自己的时间和生活，培养自我管理能力。大多数情况下，学生并不缺乏方法，他们具备强大的思考力和信息搜索能力，更重要的是要培养起自觉自律的良好习惯并增强执行力。

最后，尊重大学生的自我节奏。

我们也要尊重大学生的自我节奏和成长规律。拖延的时刻可能是他们在蓄势待发、重新整理自我的过程。家长朋友可以觉察自己的焦虑更多是来源于孩子的拖延行为本身对孩子造成了巨大影响，还是仅仅因为孩子的表现未达到我们的期望。我们可以回顾孩子在成长过程中是如何完成那些重大事件的，是否曾因拖延而遭受过严重后果，以及他们是如何应对的。在看到问题的同时，也要看到孩子身上所具备的重要资源和潜力。

拖延本身并不可怕，重要的是我们要对其背后的原因有更深入的思考和理解。当我们放下自身的焦虑和评判，以更加开放和包容的心态走近孩子的心灵世界时，才能与他们一起理清内在的障碍、建立自觉意识并培养良好的行为习惯。祝愿您和孩子都能越来越好！

——小港

29 孩子进入大学后特别叛逆

漂流瓶：

我的儿子从小比较听话懂事，但进入大学之后却变得特别叛逆，很不听话，也听不进劝。作为家长，我们的很多想法都是为了孩子好，可他却总喜欢跟我们对着干，真不知道该怎么办才好。

——家长：纵有疾风起

小港的回复

纵有疾风起：

您好，感谢您的来信！面对一个从小听话顺从、鲜少违背父母意愿的孩子，在进入大学后突然变得有想法、有个性，家长朋友们往往会感到无所适从，既着急又担心，这是非常可以理解的。

当孩子已经成长为一名大学生，如果我们对他的期待依然是听话、顺从，那么确实比较容易感到失落。因为大部分大学生已经具备了非常强的独立意识，如果一个孩子永远都听话、不反抗，那本身可能反而意味着存在一些问题。任何两个独立的个体之间，都一定会存在认知和意识的差异。而一个人走向独立的过程，就是发展自己的思想，敢于与别人不同，并学会为自己负责的过程。因此，叛逆并不一定是一件坏事，甚至可能是一种成长的信号。

一、人的两个重要叛逆期

从心理学的角度来看，人的一生中会经历两个重要的叛逆期。第一个叛逆期通常发生在 2~3 岁，这时孩子的自我意识开始萌芽，并开始有自己的想法和做法。我们会发现他的脾气变大了，喜欢说不，喜欢摔东西，甚至大声哭闹。他们开始区分什么东西是自己的，什么东西是别人的，想要自己做主，于是会与父母发生冲突，这是他们首次彰显出"我是一个独立的个体"的主张。当孩子开始与父母"对着干"，说"我不"的时候，父母很容易感到生气，而孩子会从这个生气中感受到父母的情绪，并区分出自己的情绪与父母情绪之间的差异。他们能够感受到，当自己说"不"的时候是愉快的，而父母生气的时候是不愉快的，这种相反的感觉会帮助孩子确立自己与他人之间的界限，感受到"我和你是不同的"。这个时期的孩子还不能把握好分寸和尺度，一切行为都随心所欲，所以可能让父母心烦不已。父母需要注意不要因为孩子变得"不听话"而用简单粗暴地打骂来解决问题，而是应该认识到孩子的成长，接纳孩子的情绪，在安全的范围内鼓励孩子去做力所能及的事情，激发孩子的主动性，陪伴他度过这个叛逆期。

第二个重要的叛逆期通常发生在 12~18 岁，也就是我们常说的青春期。这是一个"疾风骤雨"的时期，这个阶段孩子的生理和心理都发生着巨大的变化，情绪更加容易波动，自我意识和独立意识增强，渴望得到尊重和理解。他们不再完全听从父母、老师等权威的话语，而是觉得自己已经长大，希望被平等地对待，并且践行自己的主张，父母的强行管教可能让他产生更强的抵触心理。此外，处于这个阶段的孩子会更加重视同伴关系，看重自己在群体中的位置，也更容易受到同伴的影响。面对青春期的孩子，家长需要尽可能保持平稳的心态，给予他们自我成长的空间和适时的引导，鼓励他们在探索中逐步形成对自己、对世界的认知。

二、理解大学生的叛逆

孩子的叛逆是自我发展的一个重要标志。它在告诉我们:"对于这件事情,我跟你的看法是不一样的。我跟你是不一样的,我是一个独立的人。"他在用叛逆的方式向父母声张主权,确立边界。大学生从年龄上来讲基本已经成年,如果这时候他们仍然表现出非常叛逆,或者说突然变得叛逆,某种程度上说明他们还在和家长"争夺主权",自我独立的宣告尚未完成。这提醒家长朋友们去反思自己,是否还在用比较权威的方式与孩子沟通和相处,要求孩子听从自己的想法。面对孩子的叛逆,我们需要理解叛逆背后的诉求,并且适当做出调整。

三、鼓励大学生发展独立自我

父母的良苦用心完全可以理解。在父母眼中,无论是小学生还是大学生,孩子永远都是孩子。我们会担心孩子的想法不够成熟,在生活中碰壁,希望他们少走弯路。父母的管教出于对孩子深深的爱,但相比于他们是否做错事,更重要的是他们首先需要成为一个能够为自己负责的独立的人。在这个过程中,父母是他们的后盾和军师,而不是他们的决策者和代劳者。我们需要在这个时期完成与孩子的分化,否则孩子将很难真正走向独立的人生。

因此,不管孩子的想法我们是否认同,在内心都要把他看作一个独立的个体,用平等和尊重的态度来对待他,努力为他提供发展自我的空间。首先,可以换一个角度去看见孩子的成长,欣赏他敢于表达的勇气。其次,保持一定的界限,倾听他在生活中发生的事情,关心他内心的感受。同时有意识地培养孩子的独立意识,适当放手,鼓励他们自主去应对生活中的挑战。再次,尊重他独立的思想,放下指导者姿态,像朋友一样与他平等沟通,理解他的想法和诉求。不因孩子的认知可能与自己的认知存在差异就否定他的想法,强行将自己的想法视为正确并灌输给他。这只会让你们之间的距离越来越远。此外，保持真诚和开放。在沟通中，让孩子有机会说出自己真实的想法，也可以与他分享自己的经历和建议，但仅仅是为他提供借鉴，并不强迫他必须接受。最后，给孩子试错的空间，让他去寻找自己的道路，去了解社会现实。父母可以给他一定的支持，但不代替他去成长和承担，在这个过程中陪伴他发展出更加完善的自我，走出自己的人生道路。

如果孩子突然表现出叛逆行为，形式夸张、程度激烈，这可能反映出关系中存在着很强的张力，也可能是对过往压抑情绪的一种表达。我们需要先松开手中的缰绳，去看看他到底发生了什么，内心受到了怎样的触动，有什么样的渴望，给他成长的空间。当我们不去评判、不去指责、不去告诉他应该怎么办的时候，孩子往往会有自己的想法和目标。他们会思考自己想要去向哪里，成为什么样的人，从而获得更好的自我发展。

四、觉察自己的内在

家长朋友们可以去体验自己的内心，面对孩子的叛逆，你发生了什么？曾经的乖孩子开始变得无法掌控，可能会让我们的内心失去安全感；面对已经长大的孩子，我们不再是权威，也容易感受到内心的失落；对于孩子不可控的选择和未来，我们是否有过度的焦虑和灾难化的想象……孩子的长大对于家长来说是一个很大的挑战。我们需要看到自己的感受和对方的感受，理清自己的需要和对方的需要，这个过程是我们和孩子共同的成长和学习。

当一个大学生不再想做父母的"乖孩子"时，我们应该欣赏他生命的能量和他想要走向独立人生的渴望。同时反观亲子关系是否需要有所修复，在孩子感受到尊重和平等的前提下与他讨论人生的重大决策，给他选择的权利，让他真正走上通往独立的成人之路。

——小港

30 孩子沉迷网络怎么办

漂流瓶：

  我的孩子以前很少玩电脑，我们会严格限制孩子使用网络的时间，因此他能更专心地投入学习。但现在一切都变了，自从孩子上了大学，使用电脑的时间明显增多，假期在家也总是抱着电脑，成绩因此下滑得厉害。我们很想帮助孩子，但他却听不进我们的劝，我们实在不知如何才能让他摆脱对网络的沉迷。

——家长：读书明智

小港的回复

读书明智：

  您好！感谢您的来信。沉迷网络是大学生中较为常见的问题，我非常理解父母将沉迷网络视为洪水猛兽的心情。在现代社会，人们不可避免地需要使用电脑，而大学生如果没有足够的自制力，很容易在自由中迷失。过度沉迷网络会带来诸多负面影响，如学业下滑、生活颓废、社会功能缺失等，看似百害而无一益。作为大学生家长，无法像管理中小学生那样严加管制，比如没收手机和电脑，因此很多家长对此充满忧虑，甚至尝试在电脑上安装远程软件来监控孩子的网络使用，但效果往往不尽如人意。那么，家长朋友们可以如何帮助孩子呢？

第一，要理解孩子沉迷网络背后的原因。

当孩子沉迷网络时，很多家长可能会认为是网络的问题或孩子自控力的问题。但事实上，很多时候网络只是导火索，是孩子逃离现实的"避风港"。一些优秀学子进入大学后，不再名列前茅，难以从学业中获得自我价值感，甚至遇到学业困难，无法面对现实世界的压力和挫败感，于是选择逃避和自我放弃，而游戏则成为他们最便捷的逃避之所。在游戏中，他们不仅可以暂时忘却现实的压力，还能获得成就感。此外，如果大学生在现实中缺乏良好的人际关系，感到孤独，也更容易从网络中寻找共鸣和情感满足。再者，单调无趣的生活也让人更容易沉迷网络，相比从现实生活中获得心灵满足，从网络中获得单一的"快感"更为容易。游戏能刺激人体产生多巴胺，让人体验到愉悦，从而容易痴迷。因此，重要的不是限制网络，而是引导孩子在现实中体验自我价值感、支持感和愉悦感，这样他们就不必依赖网络来获得满足。

家庭教育也是导致学生沉迷网络的可能原因之一，过度的放纵和管制都可能引发网络使用的失控。一些家庭为了让孩子自娱自乐，不打扰父母，在孩子很小的时候就让他们接触电子产品。当家长意识到孩子对电子产品产生依赖时，问题往往已经相当严重。如果现实生活充满乐趣，孩子的世界丰富多彩，他们就更不容易沉迷网络。因此，在孩子小的时候，为他们创造更好的心理环境，陪伴、引导他们感受生活的快乐和美好至关重要。孩子进入大学后，也要让他们感受到家庭的支持和温暖，鼓励他们去探索网络以外的美好世界。

另外，有些家长过于严格控制孩子的电子产品使用，导致孩子在中小学时期被禁止接触手机和电脑，全心投入学习。然而，一旦进入大学，拥有了手机和电脑，他们就像一下子步入了新世界的大门，更加无法抵挡诱惑，加上身边无人约束，可能会出现过度压抑后的报复性沉迷。此时，如果再次采取没收电子产品的措施，已经不适合了，反而可能让孩子在偏离的路上越走越远。总有一天，孩子会超出家长的控制范围。因此，以平常心看待网络，引导孩子进行自我管理才是良策。

第二，要促进与孩子的沟通。

当家长发现孩子沉迷网络时，这可能只是问题冰山的一角。试着与孩子沟通，了解他们离开父母、离开家，进入大学后是否有不适应的地方，是否遇到了困难又找不到可以帮助自己的人，于是把网络当作排解情绪、安放灵魂的出口。沉迷网络和成绩下降也可能给孩子带来困扰。尝试理解孩子的情绪困境和现实，并给予相应的支持。

有家长反馈说，孩子上了大学后开始与自己疏远，很难进行沟通，也无法了解孩子的现状，这与我们和孩子的关系基础有关。进入大学后，家长对孩子的单向沟通容易遇冷，单纯的命令和约束难以起效，家长越催促、命令孩子减少网络使用时间，越容易引起反效果。因此，家长在沟通时可以先不急于表达自己的观点，不一味指责，而是先倾听孩子的想法，重视他们的真正诉求，与孩子建立平等尊重的关系，与他们并肩作战。

第三，要客观地看待网络。

电脑的用途广泛，网络内容也丰富多彩。除了娱乐休闲外，还有许多与学习相关的资源和平台。很多大学生通过网络获取资讯、查阅资料、与人沟通，对他们来说，网络是一个可以使用的工具，而不是被网络所控制或沉迷其中。这一代学生是在网络中成长起来的，很多事情需要通过网络来完成。家长可以试着了解孩子使用电脑的时间和内容，确认孩子究竟是沉迷网络还是合理使用网络。此外，人对娱乐的需求是客观存在的，需要劳逸结合，有些孩子在学习之余也需要通过打游戏或网络社交来放松自己，我们要客观看待这一现象，不要"谈网色变"。

第四，要培养孩子适度用网的能力。

沉迷网络的孩子并非完全没有自制力，如果我们把游戏当作一种资源来看待，就会发现孩子其实拥有克制的能力。长期玩游戏其实非常考验一个人的注意力和体能。他们克制了吃饭、休息等其他需求，全身心投入在游戏中，这在某种程度上是对自我的掌控。此外，他们还可以与人合作，

"过关斩将"，甚至领导团队……如果能把这些能力运用到现实中来，就会有很大的不同。

相信大学生内心都有对自己的期望和对未来的追求，只是暂时没有表现出来。家长可以多与孩子沟通并给予他们信任和鼓励，帮助他们找到自己的目标和发展其他兴趣爱好，同时建立现实生活中的人际交往圈，丰富自己的生活，逐步培养他们适度使用网络的能力。必要的时候可以寻求学业支持资源或寻找相互监督的伙伴，并允许他们劳逸结合。当他们觉得网络世界不再神秘、不再是禁地时，就会以平常心去对待；当他们感受到现实世界不只有压力和挫败，而是同样充满意义时，就会学会协调时间、规划生活。

与其一味管制孩子使用网络，不如陪伴他们一同面对问题、解决问题，促使他们走出网络空间，走向更加丰富美好的现实世界。祝好！

——小港

第七章

放下『爱』的枷锁

因为爱,我们对孩子充满期许,希望他更优秀、更健康、拥有更好的未来。而唯有抱有平常心,我们才能真正走近孩子、看见真实的他,并陪伴他走向他想要的人生。

31 希望孩子成为情商大师

漂流瓶：

　　老师您好！我挺苦恼的。我的孩子成绩虽然不错，但在情商方面却令人担忧。他和他人相处时存在问题，不会圆滑地处理事务，和室友的关系也不够融洽。用他们的话说，就是不会提供"情绪价值"。作为过来人，我深知高情商在社会中的重要性，但我不知道怎样科学有效地提升孩子的情商，以引导他更好地适应未来的社会工作。

——家长：四海皆朋友

小港的回复

四海皆朋友：

　　您好！感谢您的提问。在当今社会，竞争日益激烈，情商的重要性愈发凸显。您的问题反映了许多父母对子女的深切担忧与殷切期望，许多家长都希望孩子能够给予他人良好的情绪体验，更好地处理人际关系，以便在未来社会中有更出色的表现。

　　您没有仅仅局限于关注孩子的学业成绩，而是考虑到了其多方面能力的发展，这是非常难能可贵的。然而，父母对情商的理解往往基于生活经验，比如看到情商高的人在职场上游刃有余，这种理解可能并不全面。情商的提升并没有一套可以直接套用的既定程序，它更多地源于一个人内在的力量和弹性。那么，我们该如何引导孩子提升情商呢？以下是我从三个方面给出的建议：

一、自我情绪的管理

首先，情商是我们认知自身情感并管理自我情绪的能力。在这个方面，我们可以做以下几点：

1. 引导孩子学会觉察和识别自己的情绪，知道自己何时感到开心、难过等。如果我们对自己的情绪都不敏感，就很难敏感地察觉到他人的情绪变化。

2. 引导孩子接纳负面情绪的存在。高情商并不意味着没有情绪，更不意味着压抑情绪。有些学生为了维持"高情商、正能量"的形象，即使情绪感受很糟糕也要保持积极乐观的状态，不能表达真实的情感，如果情绪长期被压抑，则可能会以另一种方式爆发，带给他人不良的情绪体验。作为家长，我们要容许孩子在我们面前表达负面情绪，让情绪得以释放，减少内心的消耗。

3. 引导孩子理解自己的情绪，知道自己产生此类情绪的原因是什么，以及负面情绪通常在什么情况下被触发。人在情绪化时思维会相对狭隘，可能会做出一些超出平常的举动，比如发表过激言论、做出过度反应等。引导孩子认识到自己的情绪与何种因素相关，就能更好地消化和应对这些情绪。

4. 引导孩子寻找适合自己的情绪调节方法。每个人有不同的喜好和特点，有的人喜欢安静、有的人喜欢热闹、有的人喜欢音乐、有的人喜欢运动、有的人喜欢冥想、有的人喜欢倾诉……这些方法没有好坏对错之分。至少找到2~3项适合自己的情绪调节方法，更有利于情绪的稳定。

此外，在情绪发作时，引导孩子认识到这种表达对自身以及他人所产生的影响，并对自身的行为做出调整，通过深呼吸等方式按下暂停键，做出合适的回应。

二、对他人情绪的回应

当我们能够比较好地管理自己的情绪，拥有识别、接纳、理解和调节自身情绪的能力时，才能把这些能力迁移到他人身上，去体察和关照别人的情绪。而当我们自身拥有比较稳定健康的情绪状态时，也更能给出"情绪价值"，让对方感受到被安抚、被理解、被支持。如果我们不关注自己的内在世界，忽略自身的情绪体验，就容易对别人的情绪缺乏体察，甚至可能在不知不觉中伤害到别人。家长朋友可以在和孩子相处的过程中给予孩子理解、看见和积极的情绪回应，让他得到良好的人际体验，从而能够和他人产生良好的互动。

此外，当学生对自己有较好的定位和了解，看到自己的价值时，情绪往往相对稳定，也能更好地应对他人的情绪。如果要求自己占据绝对优势，稍微落后于人就过于敏感，则容易将自己的感受投射到环境中，过度解读他人的行为，难以积极友善地回应他人，形成良好的同伴关系。从这个角度来说，高情商的前提是一个人能够更好地认识自己、悦纳自己，从而以更平和的心态与人相处。

在内在修炼的基础上，还可以学习一些沟通技巧，如换位思考、赞美、求助、感谢等，让人际关系更加融洽。

三、为人处世的智慧

家长朋友所理解的高情商可能更多是一种为人处世的智慧。一些家长觉得孩子做事太死板、不够灵活，但这种死板可能源于我们在教育中对孩子的一些过度要求，比如要求孩子做个懂事乖巧的好孩子。这些要求反而限制了孩子的思维，导致学生可能固守规矩、行事僵化。家长可以适当允许孩子做一些有挑战性的行为，允许他试错，接触更丰富的世界和不同的人群。此外，不要把受欢迎等同于情商高，无需一味讨好以换得他人的喜欢，而是要结合当下的现实情况，既照顾到别人的情绪，也照顾到自己的感受。

即使孩子的情商表现不尽如人意，家长也不要过度焦虑。片面强调情商容易让我们和孩子的情绪以及内心失去连接，过多的苛责和要求会给孩子带来更大的压力，让他们感到更加挫败，缺乏松弛感。同时，情商学习是一种潜移默化的影响。当家长朋友能够做好正面的示范和引导，较好地调适自己的情绪，关照他人的情绪时，孩子也会从中有所学习。

对自我价值拥有肯定、关照自我情绪体验并积极调节、在生活中用心关照他人、学习与人相处的智慧——成为一个不卑不亢、真诚温暖、能够给予他人共情和支持的人。我想，这是大学生非常重要的"情商学习"。

——小港

32 孩子成绩不理想，家长可以怎么做

漂流瓶：

最近期中考试成绩出来了，孩子的成绩不太理想，其中有一门居然没有及格，这是我们之前想都不敢想的。孩子自己也很难过，我们也不敢说太多，怕伤到孩子的自尊。我们不知道如何引导孩子学好大学的学业，取得更好的成绩。

——家长：鹰击长空

小港的回复

鹰击长空：

您好！感谢来信。您孩子的情况在东大很有代表性，的确需要引起关注和重视，但无需过度自我否定。东大的很多同学都需要学习一些难度较大的公修课和专业课，期中考试出现不及格的情况其实并不罕见。当然，这对一直以来习惯于优异成绩的同学和家长来说，确实是一个不小的冲击。能够感受到您的孩子有一定的上进心和自我要求，你们能够觉察到孩子的难过，并照顾到孩子的自尊心，冷静地寻求解决办法，这是非常难得的。那么，当孩子的成绩不理想时，作为大学生家长可以做一些什么呢？

一、家长朋友需要保持一颗平常心

面对孩子不理想的成绩，对家长来说确实是一个考验。如果家长本身处于过度焦虑的情绪中，认为这次考试考砸了，孩子的名次就落后了，以后就没办法保研了……那么这种情绪很容易传递给孩子。成绩是一个波动的数值，不同的试卷、不同的群体、不同的阶段、不同的科目，成绩都可能会有很大的不同。它并不具有永久稳定性，也不能把每一个成绩与一个人的智商、能力等完全挂钩，更无法用一个成绩去预测将来。父母需要用平和的心态去看待考试成绩和排名，相信孩子并不会因为一次考试而失去好的发展机会，要协同孩子一起面对问题。

此外，"成绩不理想"是一个比较主观的界定，并没有客观的标准，它与每个人对自己的期待有关。我们可以先看看这个"不理想"在群体中处于什么样的水平，是真的非常差，还是没有达到我们较高的期待。东大的同学都是曾经名列前茅的优秀者，这些佼佼者聚到一起重新洗牌，必定会有人无法再位于前列，但这不一定代表他本人的退步，而是他所在的群体实力提升了。所以，当孩子的成绩与理想中的有所差距时，父母要引导孩子客观看待自己的现状，避免陷入过度的自我否定和自责。

二、关注孩子的情绪和感受

对于自尊心比较强的"优秀学生"来说，成绩的"滑铁卢"容易让他们陷入自我怀疑和恐慌。他们更难接受不够理想的成绩，无法接受理想和现实的落差，会感到沮丧、内疚甚至担心。在关注孩子的成绩之前，家长更重要的是先关注孩子的情绪和感受。和孩子聊一聊他们的想法并给予理解，不把成绩和孩子的自我价值完全等同起来，多方位地评价孩子，看到他的闪光点，让他知道成绩并不是我们评价成功与否的唯一标准，成绩不理想并不意味着他这个人不好。此外，给孩子一点平复情绪的空间，引导他积极面对困难。如果有需要的话，可以引导他寻求学校心理老师的帮助，不必自己硬扛。

不管是面对学业的挫折还是其他的挑战，家长朋友都要和孩子站在一条战线上，关心他的状态，成为他坚强的后盾，寻求多方资源共同应对，相信一切会越来越好。而这些"失败"的经历会让大学生成长为思想更加成熟、人格更加完善且有力量的人。

三、寻找考试成绩不理想的原因

家长可以引导大学生看到，考试是对阶段性学习成果的一次检验，它的目的是帮助自己了解当前的学习状况。大学的成绩反馈不像中学那么及时，往往都是到期中考试、期末考试等大型考试的时候才会浮现出问题，呈现出"不够理想"的结果。期中考试是一个提醒，只要能找到原因并及时调整，下次很可能会有进步。

大学考试成绩不理想或者学业落后的原因是多种多样的。除了课程难度大以外，还可能与以下因素有关：（1）大学生来自不同的省份，每个省份的学业基础不同，其实大家并不是在同一条起跑线上。还有一些同学因为一些加分或者超常发挥而来到校园，和同班同学在某些科目上的基础其实有一定的差距，这都会给学业带来挑战。（2）每个人所擅长的领域和科目并不相同，每个专业、学期的课程设置不一定符合每个学生的学习优势。如果孩子没有读到适合他的专业，或者现在所学的科目刚好是他特别不擅长的部分，则可能会更容易在学业上感到吃力。（3）大学的学习模式与高中相比有很大不同。一些同学进入大学后依然沿用高中的学习方法和学习思路，没有适应大学的学习节奏，容易一下子跟不上大部队。（4）一些同学进入大学后的自我管理和自控能力没有跟上。因为一下子没有人严格跟进管理，不太能够合理把控自己的时间，而把过多时间用到了游戏娱乐、社团活动等事情上。这种自控能力的缺失、自我的放纵有时候也和曾经过于严格的家庭管理有关。（5）一些同学对学习的意义有所迷茫，不知道自己为什么要学习、将来要做什么。或者之前的一些决定并不是自己做的，通过不好好学习来表达内心深处某种不知名的情绪。

家长朋友可以带着内心的接纳和安定与孩子沟通，和他一起寻找原因，支持他们应对问题。

四、支持孩子积极应对

找到具体的问题之后，可以和孩子讨论如何对症下药。对于大学的学业，很多家长感到鞭长莫及。相比于教授具体的知识，更重要的是激发孩子学习的自主性，协同他制定调整方案，优化学习策略。告诉孩子必要的时候可以寻求辅导员老师和专业老师的支持，也可以多向能够给予学业帮助的同学请教，主动求助是有力量的体现。如果确实不适合所学的专业，可以考虑转专业、跨考研究生甚至通过其他的路径来发展自我，不必把自己锁死在一条路上。

大学生容易陷入卷成绩的圈子，如果您的孩子已经努力过，但确实在强手如云的圈子里没有办法拔尖，我们也要看到孩子的长处，引导他找到自己的定位。结合自己的客观情况来制定所谓的理想目标，在现有基础上合理提升，确定学期的小目标。

面对大学生"不理想"的考试结果，家长和同学都需要一定的适应空间并积极调整。在调整学业的过程中，比关注成绩结果更重要的是关注孩子的成长。陪伴他一起建立信心、应对挫折，相信一切都会越来越好！

——小港

33 如何面对孩子的抑郁

漂流瓶：

　　孩子之前一直挺好的，但现在被诊断出"抑郁症"，医生还开了药。我在网上看到过明星得抑郁症，但从没想过会发生在我的孩子身上。这病到底是什么情况？心理问题也要靠吃药吗？作为家长，我能做些什么来帮助孩子摆脱情绪的困扰呢？

——家长：阳光心情

小港的回复

阳光心情：

　　您好！感谢您的来信。从您的提问中，我能感受到您对孩子的深切关心，以及希望为"抑郁症"的孩子提供更好的支持。您没有盲从网上的信息，而是选择咨询专业的心理老师，这是非常明智的。

　　在与家长朋友的交流中，我常感受到，对于很多家长来说，接受和面对孩子"心理生病"这一事实确实很有挑战。我们的身体如果疏于照顾或遭受侵袭会生病，同样，情绪如果无法得到及时有效的缓解，心理也会生病。如今，抑郁症逐渐受到大众关注，在高校中的发生率也不低。不仅"学习困难"的学生会抑郁，很多看似"非常优秀"的学生也可能抑郁；不仅表现悲伤低落的学生会抑郁，一些看似阳光开朗的学生也可能抑郁。

面对孩子的抑郁，家长往往感到无措，因为生理的痛苦我们或许能感同身受，但心理的疾病却不一定经历过。很多时候，家长和孩子都在摸索中，不断学习，不断前行。下面，我将结合江苏省人民医院王昊飞医生的分享，从心理咨询师和心理医生的视角，来聊聊家长如何与孩子一起应对抑郁症，这些经验也适用于其他心理障碍。

第一，家长应对抑郁等情绪问题保持敏感。

如果孩子出现情绪低落，如常常开心不起来；意志减退，如无法去上课，对任何事情都不感兴趣；自我价值感缺失，如觉得自己一无是处等，家长应提高警惕，不要一味指责孩子意志薄弱，这可能是心理异常的表现。抑郁症在日常生活中会有所体现，我们需要及时发现孩子的异常信号，同时，在观察时，不要给孩子贴上抑郁症的标签，也不要鼓励孩子给自己贴标签。根据精神卫生法规定，只有心理医生具有心理疾病的诊断权，心理咨询师等其他人员均无权诊断。我们敏感的观察可以提醒孩子尽快寻求专业支持，如有需要，可以先到学校心理中心请心理老师做初步评估，看是否建议就医。通过专业诊断，我们能了解孩子心理问题的基本情况。

第二，家长应引导和支持孩子接受专业治疗。

如需就医，建议前往正规三甲医院的精神心理科。医疗诊断复杂且需要专业性，不能仅凭简单判断来确定。正规医院能针对不同的专业诊断提供相应的治疗手段，因此请务必到正规医院寻求专业帮助。当前社会存在自助式治疗的现象，即一些人通过网上研究自己的疾病并寻求治疗方法，甚至自行研究药物，这是非常不科学的。

抑郁症的治疗手段主要包括药物治疗和心理治疗。关于是否需要服药、如何服药，医生会根据抑郁的程度和具体情况给出建议。关于服药的困惑和想法，应及时与医生充分沟通，切勿随意增减药量或停药。因为抑郁症并非纯粹的生理问题，而是有内在起因，所以药物治疗配合心理咨询共同调节会效果更好，家长可以鼓励和支持孩子前往学校心理中心进行心理咨询，获取更多支持。

第三，家长应在相处中给予孩子支持。

除了积极配合治疗和咨询外，家长与孩子的相处也至关重要，家长的态度是陪伴孩子战胜抑郁的根基。在与孩子的相处中，家长可以尝试以下几点：

（1）理解和承认孩子的体验。有些家长在得知孩子得抑郁症时，会认为孩子想得太多，只要意志坚强、努力克服、认真学习就能解决，这样的想法是非常片面的。抑郁的体验是一种内在感受，对于自己未经历过、了解不多的东西，我们容易代入先入为主的想法，理解和承认他人的感受并不容易。但如果否定一个人内在的无力和悲伤，对他来说会带来另一重压力，可能引发更多自责。因此，家长首先要理解孩子的痛苦，与孩子站在一起，这本身就是对孩子很大的支持。

（2）多倾听孩子的内心。当人处于痛苦或悲伤时，有一个能站在他的角度听他诉说的人会令人安心，也有利于情绪的合理发泄，能大大缓解痛苦。如果孩子处于糟糕境地却难以倾诉，会让他感到无助甚至绝望。所以，家长们需要做一个好的听众，倾听他们的感受。在倾听过程中，我们要学会不加评判和指责；更多跟随孩子的感受和想法去聊，以孩子为主体，而不把主角转换到自己身上过多进行自我表达；尊重和理解与孩子的思想差异，即使不理解，也请试着保持尊重的态度，甚至表现出兴趣、重视和欣赏，让孩子更愿意表达自己的想法和感受。

具体来说，家长可以采取以下方法与孩子建立沟通，引导他们表达感受。比如当孩子看上去很沮丧时，我们可以说："你看上去很沮丧，有些不安，今天发生了什么吗？"当孩子倾诉某一个困境时，我们可以这样回应："我知道谈这个事情很困难，但是我在这里陪着你，如果你愿意，可以跟我谈一谈吗？"在这个过程中，仍请注意不要过度判断或执着，尊重孩子的感受和意愿。

（3）对孩子保持有限关注，适度表达爱。父母对孩子的爱是无限的，但应有限度地表达。父母渴望了解孩子，有时希望将孩子保护在自己的世界里，一刻不让他逾越。但孩子是一个独立的人，有自己的隐私空间，在孩子需要帮助时，我们可以表达关心和支持；如果他需要独处，请让他静一静。我们需要与孩子保持适当的距离，既不太近也不太远，让孩子相信父母能在他需要时提供帮助，这种帮助是平等的、尊重的。

（4）引导孩子形成良好的生活习惯。家长可以帮助孩子建立规律的饮食和睡眠模式，鼓励孩子适量运动和参与社交活动。但鼓励不是逼迫，如果孩子感到非常抑郁和疲倦，每天强迫他运动是没有必要的，反而会造成孩子强烈的反感，即使做到了也感受不到愉快。家长还可以引导、鼓励孩子关注积极事物或事物的积极面，减少对消极事物的过度关注。此外，家长可以联合学校在人际关系、学业等方面为孩子提供可能的帮助，并注重保护孩子的隐私。

第四，家长需要照顾好自己的身体和情绪。

孩子的抑郁对家长来说也是一个巨大的挑战。一些精神类或心理类疾病持续时间长，在这个过程中，病人的照顾者也会感受到巨大的心理压力。作为患者家长，要尽力在条件允许的情况下做自己该做的事情或者放松的事情，给自己调整和缓冲的空间，保持自身的心理健康。

家长虽然不是专业的心理工作者，但可以在孩子遭遇心理问题时成为他最有力的支持者和最温暖的陪伴者，与他一起走过可能的黑暗时光。

祝您和孩子一切顺利！

——小港

34 如何看待大学生的恋爱

漂流瓶：

我最近在苦恼孩子在大学恋爱的问题。孩子过去上学没有早恋的情况，现在我却无法及时了解他的最新动态，也不知晓他是否已坠入爱河。我深知孩子已长大，有心仪对象实属正常，但考虑到他意志力尚不稳定，而大学又是为未来奠定基础的黄金时期，我担忧恋爱会占据他过多时间，从而影响其发展。同时，我也听闻孩子在读博的同事提及，博士阶段科研任务繁重，无暇顾及恋爱，为此愁苦不已，担心找不到合适的伴侣。对于孩子的恋爱问题，我实感迷茫，恳请老师给予指导。

——家长：温暖的大手

小港的回复

温暖的大手：

您好！首先感谢您的提问。步入大学校园，亲密关系自然而然地成为热议话题。青春正好的年纪，谁不对甜蜜的爱情充满憧憬呢？现代家长对于孩子的恋爱问题普遍持更加开放的态度，但同时也伴随着诸多担忧：担心恋爱会影响学业和保研；担心孩子不够成熟，容易受骗；担心大学期间的恋情不够稳定，难以修成正果……而正如您所言，到了硕博阶段，又会担忧孩子因忙于学业而无暇谈恋爱，进而担心他们找不到合适的伴侣。这种矛盾的心情，同学们也能深切感受到。有同学曾向我"吐槽"她的经历："大一时，父母严禁我恋爱；到了大四，又催促我赶紧找对象，生怕我出了大学就找不到好伴侣了……"还有同学因家长的过多"指导"而倍感迷茫："我爸妈给我设定了诸多'恋爱指标'，低年级的不行，不同校的也不行，家乡不在一个省份的也不行。我还没开始恋爱，就感觉被束缚得无法动弹……"家长对于恋爱的焦虑，确实会在一定程度上影响大学生的恋爱观和择偶观，使他们难以以平和的心态去面对"恋爱"这件人生小事。那么，作为家长，我们应该如何看待和应对大学生的恋爱问题呢？

一、恋爱是大学的一门"选修课"

学业并非大学唯一的追求，大学生也需要通过建立亲密关系来对抗孤独感，亲密关系能为大学生带来宝贵的人生体验和成长。在相互吸引的基础上，两人可以在生活和学习上彼此扶持，共同成长。在相处的过程中，他们能够更加全面地认识自己，学会换位思考、积极沟通、适当妥协以及处理冲突……同时，也能更加深入地了解这个世界的另一半，明确什么样的人更适合自己，从而更新对爱情的不成熟理解，并培养自身的责任感。恋爱的经历，实际上是帮助大学生构建情感地图的过程。

家长朋友们当摒弃对恋爱的偏见，恋爱与成绩下滑之间并不存在必然的联系，真正可能影响学业的并非恋爱本身，而是我们对待恋爱的态度和方式。如果大学生能够合理分配学习和恋爱的时间，寻求两者之间的平衡，那么恋爱甚至有可能成为学业的助力。事实上，有很多情侣在相互激励和共同进步的过程中，携手跨上了新的台阶。恋爱本身是中性的，甚至可以是有益的。我们需要让孩子明白，爱情不仅仅是风花雪月的浪漫瞬间，更是携手共进的漫长旅途。唯有不断提升自己的能力，才能为自己和对方创造更好的未来。

二、引导大学生学好恋爱"选修课"

大学生恋爱具有诸多积极意义，但鉴于他们思想尚不完全成熟，有时可能缺乏足够的辨别力和自控力来面对人生的重大选择。因此，家长朋友们需要保持关心，给予适时的支持与引导，帮助他们学好这门人生的"选修课"。

首先，家长可以支持孩子建立亲密关系，开启一段恋爱之旅。但这并不意味着单纯鼓励孩子去谈恋爱，而是应鼓励他们扩大交友圈、注重个人形象、积极参与有意义的活动。在与同性朋友交往的同时，也尝试结交一些异性朋友。以积极的心态去与人相处，不强求缘分，只要在过程中有所思考、有所尝试，便是进步。

如果孩子遇到心仪的对象却难以表达心意，家长可以鼓励他们建立自信、勇敢表达爱意。如果表白受挫，家长也要成为孩子坚强的后盾，理解他们的失落情绪，并让他们明白不适合并不代表自己不好，无需自暴自弃。当然，这些沟通都需要建立在良好的家庭关系基础之上，当孩子感受到宽松的成长空间和被支持、被信任的感觉时，他们才会像朋友一样与您坦诚交流情感心迹。

其次，引导孩子学习"如何去爱"。恋爱既需要缘分，也需要智慧。在恋爱过程中，孩子可能会遇到诸如如何平衡恋爱与学习、如何处理恋爱中的分歧等问题，甚至可能面临争吵、失恋等状况，伴随着情绪的起伏。当大学生向家长求助时，家长可以给予积极正向的引导，适时提醒他们树立正确的婚恋观，学习处理和经营亲密关系。要告诫孩子不因恋爱而忽略正常的学业和生活，不把恋爱当成排遣寂寞的游戏，不放弃自我能力的提升，在爱他人的同时，也不要忘记爱自己。家长的支持和引导会给孩子带来安全感和信心。

再者，给孩子一定的信任和空间。恋爱的初衷是共同走向美好的未来，但恋爱不一定能修成正果，其中存在一定的"风险"，然而，这正是大学生成长和走向成熟的契机。如果过分追求所谓的结果，反而会让人裹足不前，在婚姻爱情上不敢尝试和突破。此外，过多的限制和条条框框会让孩子变得畏首畏尾。在选择恋爱对象时，他们可以更多地考虑人格特征是否匹配、相处过程是否合拍、是否真正接纳和欣赏对方以及是否有共同的未来规划等。家长应放平心态，给孩子更多的信任和空间，这样孩子才会有更多自我成长的可能，也更愿意与父母分享恋爱经历、问题和困惑。在允许孩子试错的同时，家长也需要引导他们做好必要的自我保护措施，在可承受范围内去体验和探索。

最后，觉察自我的情绪体验。家长朋友们可以试着去觉察，当孩子恋爱时，您内心会有怎样的感受？对于一些与孩子情感连接过度紧密的家长来说，面对孩子的恋爱问题，他们可能容易表现出各种显性的担忧。然而，在内心深处，他们可能更担心孩子被"剥夺"、被"抛弃"，或者产生失控的焦虑感。如果有这些体验，家长需要勇敢地去面对和处理自己的感受，允许孩子走向自我独立。

同时，给孩子积极的影响和暗示也是至关重要的。当家长自身对恋爱和婚姻有美好的感受或成熟的理解时，他们就能给孩子提供更好的示范和支持。家长可以与孩子一起去感受爱情中的积极部分，提升爱的能力，成长为一个既能够自爱又懂得爱人的人。通过引导孩子为未来做好准备，他们在收获的季节就不会感到茫然失措。

恋爱没有所谓的成功或失败之分，只要在这段关系中有所学习、有所收获，它就是一段有意义的人生经历。让我们一起祝福和期待吧！愿大学生们因恋爱而充满前行的动力，通过恋爱成为更好的自己。

——小港

35 不希望孩子走我的老路

漂流瓶：

女儿研究生快毕业了，我们早已为她规划好了未来：女孩子不要离家太远，毕业后应回家乡省会，找一份体制内的工作，安安稳稳，无忧无虑。没有想到，她竟表示不想要这种"一成不变"的生活，而想去大城市闯一闯。想当年，我也是一意孤行，远赴陌生城市，没有家人帮扶，吃了多少苦头，栽了多少跟头才有了现在的生活，不如当时进入事业单位的同学，早早过上安稳的日子。孩子还太年轻，我真不知道该如何劝说她才好。

——家长：一位用心良苦的母亲

小港的回复

用心良苦的母亲：

您好！感谢您的来信。您的困惑，其实代表了众多父母的心声。因为自己曾历经风雨，所以不愿儿女再重蹈自己的覆辙，希望他们的人生能少一些曲折，多一些安稳与幸福。然而，随着子女的成长，他们开始有了独立的思考与选择，这些选择与父母的期望往往并不一致，甚至可能截然相反。当子女面临人生的分岔路口而有不同的想法时，父母该如何应对呢？

一、自己淋过的雨，让孩子当作成长的借鉴

父母拥有更丰富的阅历，经历过许多挫折与成功，因此总不自觉地想要指点孩子的人生之路。那些因年轻时未能勤勉学习而后悔的父母，总希望孩子能珍惜学习机会，避免重蹈自己的覆辙；那些因某个选择而未能实现理想生活的父母，则希望孩子能谨慎前行，避免与自己一样充满遗憾。这份爱子之心，我们完全可以理解。然而，对孩子而言，这份过度的关爱有时也可能成为一种限制与负担。

当我们急于向孩子灌输自己的人生经验与判断时，其实也在无形中传达出对孩子个人意志与想法的不信任。这仿佛是在告诉孩子："我们的想法是对的，你的想法不够好，你还没有能力为自己做决定。"父母的过往经历，不经意间成为孩子前行的枷锁，使他们的世界变得狭隘，甚至被预设了人生轨迹，只能沿着父母认为的最安全、最正确的道路前行。这样也许看起来可以帮孩子规避一些风险，同时也抹杀了一个人成长过程中更为宝贵的东西，比如独立思考的能力、自我负责的意识。

作为父母，我们可以更客观地与孩子分享自己的人生经历与思考。比如，您可以告诉孩子，自己当年一意孤行远赴他乡，父母离得远，需要人照顾的时候都搭不上手，做什么都得靠自己。当时就想，如果父母亲人离得近一些该多好，任何事情都有个照应。所以站在妈妈的角度，希望你离我们近一些，过得轻松一些，不要受那么多生活的苦。当我们以过来人的姿态传授真经，觉得孩子都是幼稚的，他们可能反而想要追求自由，这份自由指向的可能就是父母规定的反面。当我们以平和的心态分享自己的体验，没有任何想要强加于他的想法时，孩子或许会更愿意倾听，并回到内心的需要，从中汲取对自己有用的营养来指导自己的生活。这样，我们淋过的雨就会成为他们成长路上宝贵的借鉴。

二、允许孩子走属于自己的人生路

我们不妨想一想，我们为孩子选择的路，真的是他们想要的吗？我们

能否确定哪一条路对他们来说更好呢？时代在变，过去的经验未必适用于当下。而且，孩子与父母是截然不同的个体，机械地照搬"答案"并非明智之举。有时候，孩子的见识与想法可能比我们更为开阔。因此，在给予孩子人生智慧的同时，我们更应倾听他们的想法，了解他们选择不同道路的理由。除非遇到原则性问题必须阻止，否则我们可以将决定权交给孩子，让他们去把控自己的人生。

换一个角度看，女儿能够拒绝父母的"诱惑"，选择去大城市闯荡，这份勇气与决心同样值得赞赏。与其陷入僵局，不如与她一起冷静地分析利弊，想想可能遇到的困难，并探讨父母能提供哪些力所能及的支持。同时，鼓励她通过信息收集、交流访谈、实习实践等途径，深入探索自己所设想的职业道路，验证其可行性和适合度。最后告诉她，家永远是她最坚实的后盾，无论何时何地，都可以随时回来。这样方能让女儿把用于对抗父母管控的能量收回来，用于冷静地理清想法，规划自己的人生道路。父母在给予孩子支持的同时，也要引导她为自己的选择和人生负责，让她明白自由与责任并存，做好准备面对可能的挑战与艰辛。

三、人生是一场没有完美选项的体验之旅

要放下对儿女人生规划的执着，父母首先需要正视自己的人生选择，放下不满和失望，接纳自己的不完美，欣赏自己的勇气与坚持。辛苦的生活或许包含着成长的喜悦，并最终带来了此刻的幸福。而那些早早进入事业单位的同事，也未必没有遗憾与不甘。人生本就是一场体验之旅，没有完美的选项。我们都在每个当下做出"最好"的选择，并勇敢地一路向前。即使父母无法放下自己的遗憾，也可以相信女儿是一个独立的个体，她将拥有属于自己的人生，而不把自己对于未来的焦虑与"理想人生"的想象强加于她，不对她的未来设限。

父母不愿让孩子走自己的老路,这是可以理解的。但更重要的是,我们每个人都要走好自己的路。每个人降临于世,终其一生,皆在追寻自我实现的旅程中。女儿最终会选择哪条路并不重要,重要的是,不管她选择哪一条路,都将是自己的路,而不是盲目地追随父母的脚步。

——小港

第八章
不仅是家长,更是自己

在成为父母之前,我们首先是自己。只有当我们真正地允许自己、关照自己、欣赏自己、活出自己时,才能更好地滋养我们的孩子,用我们有限的生命给予他们无限的爱。

36 做六十分的父母

漂流瓶：

女儿出生后，我事事都不敢马虎，亲力亲为，参加各种育儿培训学习，努力按照一个好妈妈的标准去做。我付出了很多心血，女儿也非常优秀，乖巧懂事，一直都是"别人家的孩子"。进入大学后，虽然我不在她身边，但一直关心她的学习生活。直到有一天，辅导员联系我，说女儿居然出现了比较严重的焦虑情绪，甚至无法正常学习。我不知道该怎么办才好。

——家长：向日葵

小港的回复

向日葵：

您好！感谢您的来信。从您的描述中，我能感受到您对孩子的良苦用心。您一直努力想做个好妈妈，也付出了很多。然而，孩子却还是"出现了问题"。那么，我们应该如何应对这种情况呢？

一、觉察"满分妈妈"的焦虑

不仅学生会有无法成为好学生的焦虑，一些家长也会有无法成为好家长的焦虑。很多父母感慨现在的家长真是越来越难当了，不管是不负责任，管得多了是限制自由；过于理解担心溺爱，过于严苛担心孩子心灵受伤；关注孩子学习孩子反感，不管孩子学习又担心他将来后悔……在这个内卷的时代，家长们不仅要养活孩子，更要养好孩子。他们生怕在哪个地方疏忽大意，影响了孩子的发展。因此，做父母真的不容易。

一些教育培训宣传往往放大了父母的焦虑，给父母提出各种要求，告诉他们怎么做才是对的，怎么做可能会影响孩子的一生，这使得父母们更加神经紧绷。此外，一些家长对自己有非常高的要求，渴望将每一个角色都做到最好，希望给孩子更高品质的爱和养育。而事实上，完美的学生和完美的家长都是不存在的。我们渴望成为完美家长的焦虑，也容易无形之中投射到孩子身上，让孩子也产生成为完美孩子的焦虑。

我们需要觉察自己成为"满分妈妈"的期望来自哪里？是否存在对做得不够好的担心？对女儿未来的忧虑？当女儿表现得不那么"优秀"时，我们是否还感到自己拥有价值，值得被欣赏？是否会担心女儿没有前途，过不好这一生？如果我们把自己的焦虑放到孩子身上，借由培养一个优秀的孩子来完成自我价值的实现，或者安抚自身的不确定感，这会让孩子背负很大的压力。此外，当我们把过多关注和精力都放在孩子身上时，便无法守住边界，完成和孩子的"分化"。其实，人人眼里无微不至的好妈妈，可能并不是孩子的真正需要。唯有先自我接纳，才能给孩子以松弛的爱，激发孩子自由活泼的灵魂。

二、做六十分的妈妈，看见孩子真实的需要

英国著名精神分析学家温尼科特提出，我们不需要做完美的母亲，只需要做一个足够好的（good enough）妈妈，也有译者将其翻译为六十分的妈妈。六十分的妈妈就是一个足够好的妈妈了。每个人都有做父母的本能，孩子最需要的是父母心灵的爱和接纳。有时候，我们不必太过执着于各种细节，不需要面面俱到，追求绝对科学正确。我们给孩子最重要的东西是支持、温暖和积极的引导，是一种允许他成为自己，并且接纳他回归

港湾的氛围。

每个孩子的天性不同，每个家庭的模式也不同。教育没有千篇一律的标准。家长需要适当学习，站在父母的位置，拥有松弛的心态，在大方向上不偏航，但无需过度紧张。此外，"原生家庭论"的思想在当下社会非常流行。一些声音会把所有的问题都归咎于原生家庭，一方面认为自己现在之所以会成为这样，是因为父母当年做了什么，教育方式有哪里不妥当，因此格外小心不让自己的孩子受到"伤害"；另一方面又会认为父母当年没有做什么，让自己有所缺失，从而将未被满足的需要定义为"好东西"，更多地给予自己的孩子。

我们的心理状况确实与成长环境有关，我们需要学习养育的基本逻辑。但这个世界上不存在完全"无菌"的完美成长环境，我们都在"有菌"的环境里摸爬滚打，勇敢地活下来。只要不是基本理念的偏差，孩子也需要去面对和应对父母养育过程中的"不够好"。因为每个人都是有限的，这就是真实的世界。不管是父母还是环境中的其他因素，都在告诉我们如何去生活。当我们过度追求所谓的完美时，反而有可能形成一种无形的焦虑、控制和压力。而这又会变成另一种不完美。

您可以尝试与女儿进行一次内心的对谈，她出现了比较严重的情绪和学业问题，但却无法与妈妈诉说。可能她内心有很多担心，担心自己会让妈妈失望，会不被接纳。放下做一个完美妈妈、培养一个好孩子的思想负担吧。真正去看见女儿眼神里的情绪是焦灼的紧张，还是松弛的喜悦，听听她真实的感受和需要。做"别人家的孩子"是一件非常辛苦的事情，请允许她可以有"不优秀""不乖巧""不懂事"的时刻，就像允许自己可以"不够好"一样。做一个真实地贴近孩子的不完美的妈妈，给她更多的接纳和欣赏。

三、留一部分空间做自己，保持适当的边界

做父母是一个脑力活、体力活，更是一个心力活。在做父母的同时，

别忘了留一部分力气做自己。除了父母这个角色外，我们还有很多其他的角色。比如，我们还是一个妻子或丈夫，有了孩子之后，我们同样需要经营夫妻关系，并且夫妻关系永远在亲子关系之上。我们可能有自己的工作和事业，需要在人生的长途中继续实现自己的价值和理想。我们可以有自己的爱好和朋友，让世界变得丰富多彩。我们可以学习爱自己，不管用何种方式，给自己休憩的空间和时光。这些事情看起来都与孩子无关，但却对孩子的成长大有裨益。它们能教给孩子如何体验丰富多彩的生活方式、建立良好的亲密关系、拥有积极向上的人生观以及松弛舒展的人生态度。更重要的是，当重要抚养者本身开心快乐而不紧张焦虑时，孩子就能随时深呼吸，感受到成长所需的空气、雨露和阳光。

如果做不到这些，也不用过于苛求自己。最基本的是给孩子尊重和爱，同时保持适当的边界。不把自己的情绪放在孩子身上，为自己的人生负责。这样，孩子就能绽放出自己的生命力。

做六十分的父母意味着允许自己不完美，也允许孩子不完美。当我们能欣赏自己是六十分的父母时，也许就更能欣赏孩子是六十分的子女。而这个时候，彼此都有更多空间。焦虑不复存在，反而可能收获超出预期的惊喜。

——小港

37 不仅是家长，更是自己

漂流瓶：

　　我先生常年在外地工作，儿子出生后我就辞职全身心照顾孩子，家里的事基本是我一个人操心。当年我也是大学生，结婚生子后不工作，很少出去玩也不打扮自己，没有那个闲工夫，感觉生活越来越没劲儿，都快抑郁了。好在孩子学习优异，给我很大的安慰。他的成绩应该可以保研，没想到儿子不愿读研，非要出去工作。我真的无法理解，我牺牲了这么多，我们家也不指着他工作挣钱，为什么儿子会这样呢？

——家长：心碎的含羞草

小港的回复

心碎的含羞草：

　　您好！感谢您的来信。从您的描述中，我感受到了您深深的不易，也对您充满了敬佩。作为当年的大学生，您放弃了工作和休闲，全身心陪伴儿子长大，操持家里里里外外，其中的付出自不必说。如今孩子读到大学，成绩优异，本是皆大欢喜，却出现了如此"叛逆"的行为，确实让人难以理解。

　　儿子的想法我们无法直接揣测，只能通过和他的沟通去了解。在这里，我有几点想法想和您分享。

一、孩子能感受到妈妈是否快乐幸福

当我们用"牺牲"去描述自己的付出时，背后往往隐藏着很多无奈。无论是辞职的决定，还是全身心照顾儿子的选择，都让一个本有大世界的女性被束缚在了小小的房子里，越来越"枯萎"。我相信，与您朝夕相处的儿子一定能感受到这些年来您过得是否快乐。您的叹息、不易和艰辛，儿子可能比谁都更清楚。在他心里，可能会认为是因为他，妈妈才不得不成为现在的样子；因为他，妈妈过得并不开心。

一方面，他可能对妈妈充满感激；另一方面，面对妈妈这种牺牲自己的爱，他也可能感受到无形的压力，觉得有说不出的沉重。一个人牺牲自己来爱我，我要如何才能回报这份大恩大德呢？我如果不能满足她的期望，又该如何自处？而面对这样一个因为自己而不开心的妈妈，我又怎能独乐？母亲和孩子的生命有了太多的纠缠和牵绊，容易让懂事的孩子感到压抑。

我们无法猜测孩子不想读研的具体原因，但需要好好和儿子沟通，了解他内心的想法，放下先入为主的观念，相信他的选择一定有很重要的理由。

二、不要忘了，是妈妈，更是自己

属于自己的人生是从什么时候开始结束的呢？对于一些人来说是死亡，对于另一些人来说则是孩子的降临。当孩子降临，我们的生活被打乱，需要付出大量的时间、精力、心血去培育和抚养他。我们被赋予父母的角色，也被赋予责任，常常忙碌得忘记了，我，还是我自己。这对于妈妈来说尤为明显，经历了怀胎的过程，母亲往往更容易进入家长的角色，接纳自己的使命，而父亲则往往需要一个过程。如果再加上先生的缺席，妈妈就需要承担更多职责。对于很多女性来说，成为全职太太并非本意，却是家庭的最优解。

我相信每家都有各自的困难，但仍然希望爸爸可以更多参与到家庭和育儿中来。父母共同支撑的家庭结构更有利于孩子的心理成长，让他安然处在孩子的角色，也会让夫妻彼此得到更多情感支持。男性的理性和冷静很多时候可以缓解女性的焦虑，从而让家庭更加平衡，而妈妈也能获得更多做自己的空间。

作为一个母亲，无论是有自己的工作，还是做全职太太（这也是一份工作），都不要忘记妈妈只是自己的身份之一。想一想，您已经多久没有买过心仪的衣服，美美地收拾一下自己；已经多久没有想过理想的未来会是怎样，还有您尚未实现的梦想。当舞台各色流转的闪光灯逐一熄灭，此刻台上只剩下您自己和一束单薄的追光。是的，现在是属于您的舞蹈时刻，请跳一支属于自己的舞，您准备好了吗？

当我们看不见自己，不重视自己时，别人也就很难真正看见我们。每一个人在成为父母前都是他自己，在成为父母后也依然是他自己，只是增加了一个角色，变得更加丰厚而已。

三、和孩子各自负责，彼此支持

或许谈梦想是奢侈的，但每一位家长都可以去思考：孩子已经上大学了，我们可以如何过好自己，照顾好自己的身心？这既包括平平淡淡的日常，也包括闪闪发光的日子。不要把所有的关注点都放在孩子身上，而是让一部分精力回归自身，做自己喜欢的事情，让自己开心起来。同时让孩子知道，妈妈所做的一切都是自己的选择，不需要你来负责；而妈妈也决定要重新选择过回自己的人生，做想做的事，吃想吃的东西，做一个更轻松快乐的妈妈。你也有你自己的人生，相信你可以为自己的人生负责，活出你自己的精彩。如此边界清晰，爱好自己，对孩子来说也是一种释放，让他拥有空间和自由，同样去爱自己。

您的孩子非常优秀，也有自己的思想。他想读研也好，想工作也罢，都是他自己的选择和决定。告诉他，他已经是一个独立的成年人，不再是需要妈妈搀扶的小男孩。不管你怎样选择，妈妈都会支持你，放心你去过自己的生活。当然，妈妈依然还是妈妈，如果有什么需要妈妈支持的，可以随时联络，而妈妈如果有需要你帮忙的，也会邀请儿子协助哦。

　　二十多年的时光里，我看到了您的坚韧、有爱、包容和奉献，只是或许在这一过程中，您丢失了曾经的自己。衷心祝福每一位家长朋友在成为父母的同时，不要忘记感受属于自己的生命。在心里默念：我的名字是XXX，不仅仅是XXX的母亲/父亲。而活出自己的光芒，就是给孩子最好的示范，这胜过千万叮咛。

——小港

38 怕影响孩子，不敢离婚

漂流瓶：

　　我有一个困惑。我儿子现在大一，我和先生的关系一直不好。此前，因为不想影响孩子高考，所以我一直坚持没有离婚。现在孩子也考上了理想的大学，我想我也应该追求自己的幸福，不想困在没有爱的家里。我勇敢地想和孩子父亲离婚，但又有所担心，不知道这会不会给孩子带来不好的影响。例如，社会对单亲家庭存在偏见，我又害怕离婚的消息会影响孩子的学习生活。想听听您有没有好的建议。

——家长：活出自己

小港的回复

活出自己：

　　您好，感谢您的信任！能够感受到您既想为孩子负责，又想活出自己的纠结心情。正如您所说，许多父母因担心离婚会影响孩子的学习，在孩子高考前选择隐忍，以维系家庭形式上的完整。孩子高考结束后，他们如释重负，觉得终于有了"离婚自由"。然而，新的担忧又随之而来，生怕离异家庭的身份给孩子带来负面影响，也怕父母的分开给孩子带来心灵的创伤，因此犹豫不决。

　　当夫妻之间已经没有情感的眷恋时，父母应该怎么做才能保护好已经成年的孩子，避免父母的婚姻给他们带来不利影响呢？

一、孩子是家庭关系的温度计

在工作中，我发现孩子对家庭关系的敏感程度往往超出家长的想象。父母关系不合，孩子心里多半清楚，只是他们不一定会跟父母沟通。很多家长认为婚姻问题是大人之间的事，孩子理解不了，因此不会就婚姻关系的僵局甚至离婚的决定向孩子说明。这导致孩子感到困惑，不知道父母到底发生了什么，并且充满担忧。大学生虽然离家，但依然心系父母，他们对情感有了一定的理解，可能依然对父母的关系充满困惑，也可能在父母关系中担当"裁判"、"救火队员"或"婚姻调解员"的角色，希望保护父母而把心留在家里。这使他们感受到内在的压力和情绪的波动，无法专注于学业。

有些父母因担心影响孩子而维持并不和谐的婚姻关系，殊不知家庭中弥漫的冷漠、疏远或紧张的气氛，早已让孩子感到呼吸困难。对孩子的影响并非来自父母是否离婚，而是来自父母如何对待自己的感情和婚姻，能否做到好好在一起或好好分离。

二、离婚不一定对孩子更加不利

很多父母担心离婚会对孩子产生负面影响，事实上，离婚可能是一段错误关系的结束和一个崭新的开始。孩子对父母离婚的恐惧很多时候来源于对离婚带来的一系列事件的恐惧，如担心父母会不爱自己、会见不到其中一方、父母会受伤或过得不好、在学校会被同学指指点点等。我们需要告诉孩子父母关系发生了什么、离婚的原因和意义是什么，并强调虽然父母分开了，但依然会永远爱他，以消除孩子对父母离婚的恐惧。同时，给孩子更多支持，帮助他认识、理解并应对可能的同伴压力和社会压力，让他不因父母离异而感到自卑，坦然做自己。

那些声称为了孩子不离婚的情况，恰恰会让孩子感受到很大的压力，产生强烈的负罪感和责任感。目睹父母在不幸的关系中争吵、忍受、痛苦和挣扎，而问题无法解决的原因竟然是自己，这对孩子来说是一种巨大的负担。他们可能体验到父母的心口不一、感受到压抑的家庭氛围、了解到一方的委屈和忍辱负重……过度承担父母的选择和命运。

大学生已经能够像成年人一样思考。父母可以坦然跟孩子沟通想法和决定，也可以倾听他的想法和感受。告诉孩子您想有一个新的开始，去追求自己的幸福，并关注孩子的反馈，是为您感到高兴还是对此更加焦虑。

三、父母为自己的选择负责就能给孩子松绑

当我们回归内心，会发现很多"为了孩子而留存的婚姻"其实是父母自己尚未做好内在或外在的准备，没有足够的勇气离开，而孩子是无辜的承担者。当然，孩子确实是婚姻中一个很大的"牵绊"。当我们选择把孩子生下来，就意味着决定要为他负责。如果有足够的经济能力和内在能量把自己活好，我们就拥有了可以自由选择的翅膀，不再以受害者的姿态自居。如果父母能力有限，暂时无法处理好眼前的局面，没有准备好作出决定，可以让孩子知道，父母在尽力做好父母的角色，而婚姻的留存与否不是他的责任，是父母自己的选择，这样可以让孩子感到内心的松绑。

四、好的示范是父母活出自己的精彩

父母不要为了孩子而留存不健康的婚姻，而是应该活出自己的精彩，给孩子示范如何更好地处理关系、结束关系。让他知道好的关系不需要伴随着牺牲和痛苦，而是应该充满爱。婚姻关系的结束并不代表自我的失败，也并不意味着亲子关系的分离。夫妻分开后一样可以各自美丽、做好父母。当孩子看到好好分离并不会带来"灾难性"的后果，而是能获得另一种幸福时，他就能以坦然、松弛的心态看待未来的亲密关系。当他看到父母离婚后情绪稳定、生活开心时，他也会懂得自我负责、自爱自强。

如果目前没有办法处理好夫妻之间的关系，可以让孩子知道，这不是

婚姻和爱情的全部样态。这个世界上存在很多幸福的婚姻，它们充满温馨和支持。同时，父母双方切勿向孩子抱怨对方的不是，不把孩子卷入到婚姻矛盾中。

这位妈妈，重要的是回到自己的内心，放下关于孩子的顾虑，看看自己是否真正做好了离婚并开始新生活的准备。当我们拥有照顾好自己的能力、坦然面对离婚的选择时，孩子也可以在单亲家庭中不缺爱地成长。愿您幸福！

——小港

㊴ 单亲家庭也可以充满爱

> **漂流瓶：**
>
>
>
> 我是一位大二学生的父亲。儿子很受老师和同学的喜欢，是他人眼中的小太阳。但辅导员说，在他阳光开朗的外表下，藏着一颗难过的心。这可能和我们的家庭情况有关，我和孩子妈妈最近离婚了，暂时还没有告诉他。看到电视剧里单亲家庭的孩子容易心理出现问题，我很担心，不知道应该怎么做来减少我们离婚对孩子的影响。
>
> ——家长：田哥

小港的回复

田哥：

您好，感谢来信！非常欣赏您对孩子的关心，您想尽己所能保护孩子的心灵成长。相信这份用心本身会让孩子感受到爱与温暖。当下，单亲家庭并不少见。很多父母担心单亲家庭会对孩子的心理健康产生影响。其实，孩子成长过程中是否获得完整的爱，与是否为单亲家庭并没有绝对的关系。一些非单亲的孩子可能也感受到爱的缺憾，而一些单亲家庭的孩子却可能感受到爱的完整。因为爱不来源于家庭的形式，而来源于情感的互动。只要让孩子身处边界清晰且有爱的环境，无论是否为单亲家庭，孩子都可以获得健康的心理状态。在这里，我有几点具体的建议与您分享。

第一，理清夫妻关系和亲子关系的清晰边界。

很多同学一直默默用自己的懂事守护着家庭，觉得只要他表现足够好，父母就会开心，关系就会更好，这其实是一种边界不清带来的心理负担。我们需要有一个基本的意识：父母之间的婚姻关系和父母与孩子的亲子关系是独立的。父母作为夫妻去面对婚姻问题，不管夫妻关系如何，是否存续，亲子关系是无法改变的，父母对孩子的爱不应受到夫妻关系的影响。

孩子是一个独立的个体，对孩子来说，爸爸妈妈都是他的至亲。其中任何一方受伤，都会让他感到痛苦。如果父母把孩子拉入婚姻问题中，孩子就会感受到撕扯，无法专注于自我的发展。此外，由于年龄和阅历的限制，孩子并不能很好地理解夫妻关系中的种种问题，也没有那么成熟的心理承受能力，容易产生情绪的波动和内在的混乱。大学生正处于渴望建立亲密关系、追求自我发展的时期，需要引导他们对亲密关系有积极的认知，安心做好自己。

第二，告诉孩子离婚的事实，关注孩子的情绪变化。

一些家长希望用隐瞒离婚的信息来保护孩子，结果往往适得其反。即使父母不说，孩子往往也能感受到父母关系的变化，并且没有情绪的出口。家里像藏着一个不能碰触的秘密，让人感到压抑。而且，孩子对于父母婚姻的看法往往比父母想象的要通透，就像父母希望孩子幸福快乐一样，孩子也希望自己的父母可以真正过得幸福。尤其对于大学生而言，他们已经有了比较独立的想法和成熟的思考。父母可以开诚布公地和孩子谈一谈自己的想法和决定，听一听孩子的想法，鼓励他说出自己的情绪，允许他难过，陪伴他去平复。同时，告诉孩子，夫妻的问题会由夫妻去解决，离婚是父母的决定，不是他的问题。无论父母是不是夫妻，他永远都是父母的孩子，父母永远爱他。

第三，坦然面对和理性处理婚姻的变故。

孩子对父母有着天然的爱，当父母不能很好地面对婚姻关系的结束时，一些孩子会不自觉地担心父母的状况，成为父母的保护者。这时候，家长一定要有所觉察和警惕，因为孩子往往是牺牲了自己的一部分发展来保护父母。而当父母拥有处理情感问题的能力，能好好面对离婚这件事，并且开启新的生活时，孩子就会感到放心。

婚姻的变故对每个人来说都是很大的挑战，需要调整的空间。可以告诉孩子："爸爸/妈妈可以处理好我们的问题，只是我们需要一些时间来面对这件事情。爸爸/妈妈现在有一些沮丧/难过/崩溃，但是会调整自己，照顾好自己，慢慢开始新的生活。"让孩子知道家里发生着什么，父母发生了什么，同时告诉他这一切都会好起来。

第四，不把对婚姻或另一半的不满传递给孩子。

当婚姻出现问题时，孩子很容易成为我们最亲近的倾诉对象，甚至生命支柱。从而，我们不自觉地把一些在婚姻中感受到的负能量传递给孩子，比如"男人没一个好东西""女人都是见钱眼开""婚姻都靠不住"。也可能把对对方的不满和怨恨传递给孩子，让孩子理解自己的不易，成为自己的同盟，比如"你爸做了……龌龊的事情""你妈自私，像泼妇，简直没有人能忍"。殊不知，对于孩子来说，你否定的是他的至亲，是他血脉的来源。当一个人觉得自己的父亲或母亲是如此不堪时，我们很难期待他成长为一个自信饱满的人。当一个人对同性或异性抱有如此多的敌意时，他可能会很难进行自我整合，去相信自己可以遇到与众不同的另一半。如果我们对另一半充满怨恨，不妨想一想当初是什么吸引你和他在一起，这个人身上是否也存在优点，这些闪光点是否可以传承给孩子，让孩子去汲取父母身上积极的能量，发扬好的品质。

第五，不把孩子当成自己的私有财产。

一些父母在离异时会展开孩子争夺大战，用限制孩子与对方接触来惩罚对方，表达内心的愤怒。事实上，这对孩子来说是一个很大的灾难，因为他失去了一份重要的爱的来源。孩子的成长需要体验到来自父母双方的爱，男性和女性可以带给孩子不同的爱和引领，需要让孩子知道，爸爸/

妈妈一直爱着他。如果父母用对方冷血无情的形象阻止孩子与其接触，即使是已经走向独立的大学生也会产生迷惑：为什么自己的父母会不爱自己呢？是不是自己哪里做得不够好？更会在父母的敌对中无所适从。

如果实在遇到无情的父母，我们可以告诉孩子："除了爸爸/妈妈，这个世界上还有很多爱你的人。我会一直爱着你，还有爷爷奶奶、外公外婆……他们都很爱你。"不让孩子感受到爱的匮乏，让他知道自己值得被爱。

第六，用不同的方式让孩子感受到你的爱。

如果因为婚姻关系的解体，您不再和孩子一起生活，也依然可以让孩子继续感受到您的爱。比如可以通过电话了解他的近况，关心支持他的成长，共同进行一些活动，参与他人生的重要时刻，和他一起谈论未来的发展等，您在他成长过程中所有的付出都会成为他成长的养料。大学生本身已经逐步走向独立，和父母之间越来越像成年人一样去沟通和相处。您可以像对待成年人一样去看待和支持他，让他知道不管什么时候，您都是他的爸爸，是他坚强的后盾。

只要处理得当，单亲家庭一样可以充满爱的流动。父母不用为自己离异的决定而深感内疚，而是应该欣赏自己的勇敢，理性面对，自我照顾。同时，坦然和孩子分享这个家庭的变化。让他知道爸爸妈妈并没有离他远去，只是去更好地追寻幸福，相信您的儿子会感受到发自内心的阳光照耀。

——小港

40 不做家庭的"牺牲者"

漂流瓶：

　　我的女儿考上了不错的大学，我们都很为她骄傲。原本希望她大学毕业后能帮衬一下她哥哥，没想到她竟跟我们吵了起来。哥哥学习不如妹妹，收入也不高，这一年又谈了女朋友，买房压力很大。我因为有哥哥和弟弟，自己读完初中就没再继续读书了。虽然家里条件不好，但我们从没因为她是女孩就剥夺她读书的权利。现在妹妹有出息了，为什么不能帮衬一下哥哥呢？

——家长：细雨绵绵

小港的回复

细雨绵绵：

　　您好！感谢您的来信。您能在自己作为女孩被剥夺读书机会的情况下，仍然给予儿子和女儿同等的读书机会，这是可贵的。女儿考上不错的大学，本是喜事一桩，却因是否应帮衬哥哥的问题产生了不愉快，双方的价值观念出现了较大的冲突。那么，我们应该如何看待这个问题呢？

一、理解自己的无奈

　　作为女性，您确实做出了很大的牺牲。受地域、年代特点等因素的影响，一些女性从小就被灌输"女孩子读太多书没有用，迟早要嫁人"等观念，被要求帮衬家里的男孩子。因此，很多女性一生都在为家庭奉献，甚至觉得辛苦挣到的钱给哥哥弟弟结婚盖房子用也是理所应当的。因为您自己就在这样的桎梏中度过，所以觉得女儿能一路读到重点大学已经非常了不起了，接下来应该赶紧工作、结婚生子，像您一样支持哥哥娶妻。然而，您没想到女儿读书越多，反而越反叛，不考虑家里的处境，这让您大为恼火。其实，这是认知的差异造成的。

从您的角度来看，这并没有错，您的经历造就了您这样的想法。您只是把所接收到的价值理念传递给了下一代，并且已经做出了一些调整和改变。这对于没有太多机会学习新观念的人来说已经很不容易了，但对于受过高等教育的女儿来说，她可能会有完全不同的想法。

二、看到女儿的委屈

女儿作为一个独立的个体，拥有追求自己幸福的自由。她通过接受的教育获得了独立的思考和新的觉知，跳出了家庭给她的认知框架，看到了更加广阔的世界。她明白世上的女性不只有这一种活法，可以拥有很强的边界感，不被亲情捆绑，这是值得欣赏和欣慰的。

以女儿优异的表现，她或许有机会保送研究生，甚至攻读博士。她可能有自己的学业梦想，不想大学毕业就工作。她可能有自己的计划，需要攒钱来实现。哥哥的婚姻不应该成为绑架她的绳索。面对家庭提出的这样的要求，她本已经感到为难，如果还要背负忘恩负义、自私自利的骂名，那更是难以承受。

三、避免不幸的传承，终结"牺牲"的命运

在家庭治疗中，我们会惊讶地发现，在一些家族里，每一代人都会存在类似的情况或发生类似的问题，就像"传家宝"一样被传承下来。比如我们的情绪模式、认知观念、家庭相处模式等。有的可能成为我们的财富，有的则可能成为我们人生的桎梏。

它们不知不觉地成为我们的一部分，限制性的传承如果不被识别或打破，会给一代又一代带来创伤和挑战，在无形中上演同一出"悲剧"。不过可喜的是，代际间的传承并不是一张牢不可破的网，我们完全可以有所觉醒，做出不同的选择。

女儿的这种想法对您来说可能是一个巨大的冲击，但对于这个家族来说却是一次巨大的进步，男性和女性的思想都可能会因此发生振荡和改变，到了女儿下一代，就不会再存在类似声音的传递，而会变成另一种养育观念。

四、成为自我责任者，开启新的生命旅程

也许我们从未想过，我们是否真的喜欢这样的生活。如果有另一种可能，我们可以为自己而活，没有放弃学业，把打工的钱攒下来用于提升自己，不再为家里做出那么多的牺牲，那会不会有所不同呢？

相信当时的生活一定有着各种局限性，让我们无法做出其他的选择，您已经做得足够好了。我想您之所以支持女儿一直上学，内心也可能埋着一颗想要改变的种子，一部分想要忠于家庭理念的传承，一部分想要冲破这种压抑的生活。而现在，女儿有机会走向完全不同的道路和人生。

哥哥结婚并不是妹妹的责任，妹妹不需要成为这个家庭的牺牲者。如果家里的每个人都能放下对他人过度的责任感，全然负责自己的生命；作为兄妹，在有能力的时候愿意怀着感恩之心，自觉自愿地互帮互助，不绑架任何一方为另一方作出牺牲；让男孩子学会为自己负责，让女孩子长出自己的翅膀，那么这个家庭就会迎来崭新的生命旅程。

家庭传承中无形的力量确实会对我们产生影响，但它并非牢不可破。生命可以蜕变，内心可以疗愈。我在您女儿身上看到了两代女性的成长、力量和希望。不做家庭的"牺牲者"，先活出自己，再照亮他人。祝一切顺利！

——小港

第三卷

写给辅导员老师

辅导员老师是高校中非常重要的角色，也是"家-校-院"协同工作过程中的关键一环。他们连接着大学生、家长与心理健康教育中心等学校资源。面对纷繁复杂的工作内容、个性化的学生问题和家庭情况，以及越来越细致的工作要求，辅导员同样需要赋能和成长。一些辅导员在和家长沟通时感到力不从心，不知道家校合作应该从何入手，在给予支持的过程中如何保持和家长的边界……

本卷将分享辅导员老师的困惑和小港（安心港湾漂流瓶瓶主）的回信，解答辅导员在"家-校-院"协同工作中遇到的常见困惑，引导辅导员了解高校"家-校-院"协同工作的相关技能和经验，以便更好地理解学生和家长，协同家长和多方资源共同处理学生相关问题，同时保持合理的边界。此外，引导辅导员在投入工作的同时，关照自我身心健康，创造和谐家庭氛围，在工作与家庭中收获能量。

卷首语

家校协同，共促大学生心理健康发展

党的十八大以来，以习近平同志为核心的党中央高度重视学生心理健康工作，倡导家校协同。2023年，教育部等十七部门印发《全面加强和改进新时代学生心理健康工作专项行动计划（2023—2025年）》的通知，强调要"健全多部门联动和学校、家庭、社会协同育人机制，聚焦影响学生心理健康的核心要素、关键领域和重点环节，补短板、强弱项，系统强化学生心理健康工作"。教育部等十三部门发布《关于健全学校家庭社会协同育人机制的意见》，要求完善学校家庭社会协同共育机制，学校要充分发挥协同育人主导作用，保持与家庭的密切联系，鼓励高等院校面向大学生开设家庭教育选修课。

家庭作为人类社会最早的社会结合形式，是不可或缺的组成成分，也是社会关系的缩影，承载着个体社会化的重要功能，发挥着不可替代的作用。家庭也是子女个性形成和完善的重要环境因素，父母为子女的成长提供心理上的支持和物质资源的供给。父母的文化程度、生活方式、生活态度及教育方式等，与社会外部因素相互作用，共同影响子女对社会的认知及其人格的形成。家庭主要教育角色的缺失、家庭教养方式缺乏科学性、家庭氛围不良等情况，都会对学生的心理发展造成冲击，影响学生健全人格的形成和心理健康发展[1-4]。因此，现代教育理论推崇家庭、学校一体化的教育模式。

当今世界科学技术突飞猛进，为大学生提供了充分施展自我才能的舞台以及多方面发展的机遇，同时家庭、学校、社会对于大学生的期待和要求不断提高，给大学生带来了更大的心理压力，人际烦扰、学习压力、恋爱困扰、就业抉择等常见问题日益冲击着大学生的心理防线。大学生群体没有固定收入，在心理和经济方面都要依靠家庭。学生的问题容易被关注到，家庭的问题却容易被忽略。步入大学后，一些早期没有得到疗愈的情绪问题被带到高校，导致学生难以适应新的学习环境和氛围；部分家长的教育理念与学校的育人理念存在偏差，难以形成同步；一些家长对所在大学的学习状况和大学生心理健康知识缺乏了解……这些都在呼吁高校更加关注学生的家庭问题，协同家长为学生心理的健康成长一起努力，为学生提供及时有效的支持、陪伴和引导。

高校作为家庭教育指导服务的主要阵地和重要主体，如何发挥学校的主体性以及与其他主体的协同性，进行协同育人，是新时代下我国高校心理健康教育面临的重要课题。目前家校协同多为学生出现问题后的联动，更重要的是预防和前置，家、校、院之间有效的信息分享和关系建立、符合需求的教育引导、个性化的专业支持，是大学生心理健康家校协同的重要因素。高校可通过家长讲座、家长沙龙、家长咨询、家长信箱等多元化的心理服务为家长提供支持，并且通过微信公众号、哔哩哔哩账号、微课账号等多种宣传渠道进行心理知识普及及心理服务信息传递，引导家长了解大学生心理，学会良性沟通，调整教育模式。此外，高校需采用点面结合的工作方式，既面向全体学生、家长和辅导员提供普及性教育，又对有特殊需求的个体和家庭提供针对性指导，根据不同问题和群体特性，探索具有适配性的辅导模式，避免"一刀切"，真正实现心理育人工作的灵活性、关怀性和全效性。

高校需要探索大学生心理健康教育家校合作的可行模式以及实际作用，通过多渠道、多途径加强"家-校-院"协同，为学生、家长、辅导员提供专业指导和服务，实现对学生心理健康问题的早期预防、精准干预和后期追踪，形成闭环式的干预支持体系。作为家校合作的具体策划人、组织者、参与者、指导者、推行者、活动资源开发者[5]，教师的家校合作能力深刻影响家校合作的进程与成效。需要在关注学生和家长的同时，为辅导员赋能，提升辅导员对于学生心理促进的胜任力，协同合作的方式与水平，引导辅导员前置家校连接，适时适度进行家校联动，协同家校医资源支持学生度过心理困境。同时引导家长调整教育模式，增强学生的积极应对能力。及时有效的"家-校-院"协同将极大地促进学生心理的良性发展，也是高校心理健康教育的新思路和新路径。

参考文献：

[1] 陈南菲.新时代高校心理育人工作高质量发展面临的现实挑战与应对策略探究[J].思想教育研究,2023,(6):134-137.

[2] 岳冬梅,李鸣杲,金魁和,等.父母教养方式:EMBU 的初步修订及其在神经症患者的应用[J].中国心理卫生杂志,1993,(03):97-101,143.

[3] 王新友,李恒芬,肖伟霞.父母教养方式对青少年网络成瘾的影响[J].中国健康心理学杂志,2009,17(06):685-686.

[4] 柴浩,张菁.中职学生家庭功能对日常性学业弹性的影响：自我效能感的中介作用[J].中国健康心理学杂志,2020,28(05):752-758.

[5] 陈美言.协同教育视角下的家校合作对教师角色的影响.亚太教育,2016(20):11-12.

第九章 家校合作的途径与方式

辅导员与家长的协同工作在不断探索与完善中,既需要真诚的态度,也离不开专业的素养。良好关系的建立是协同工作的基石,而规范的维护则是确保长远合作的重要保障。

41 辅导员如何有效与家长沟通

漂流瓶：

作为一名新晋辅导员，我最近在与学生家长的沟通中遇到了不小的挑战。与学生沟通时，由于年龄相近，我们很容易打成一片；但与学生家长沟通却显得颇为艰难，或许是因为我尚未组建家庭、没有为人父母的经历，每次与家长交流时都感到有些紧张，担心他们将我视为孩子。我渴望能像经验丰富的老师那样，自然流畅地与家长沟通。关于如何有效与家长沟通，我迫切希望学习一些实用的经验。

——辅导员：萌新要向上

小港的回复

萌新要向上老师：

您好！感谢您的提问，我能感受到您是一位深受学生喜爱的辅导员，拥有与学生沟通的丰富经验，但在与家长沟通方面却遇到了难题。您的困惑代表了众多年轻辅导员的心声。对于年轻辅导员而言，如何与比自己年长、阅历丰富的家长朋友稳定自如地沟通，赢得他们的支持、理解与合作，确实是一门新的学问。

随着大学生思想教育工作的日益细化以及大学生家庭问题的复杂化，家校合作愈发受到重视。当学生出现心理异常、学业预警等特殊情况时，与家长及时沟通显得尤为重要。一方面，家庭环境对大学生身心发展具有重要影响，深入了解学生家庭背景及成长经历有助于我们更全面地理解学生；另一方面，家长也需要了解大学教育和学生需求，以便与我们形成联盟，共同为学生提供全方位的支持。面对与家长沟通时的紧张情绪，我们首先要明确操作规范，以下是一些基本要点和通用技巧供您参考。

一、把握沟通时机

在新生报到、学期初、学期末等重要时间节点，可以通过家长会、新媒体平台等方式与家长沟通，向家长普及大学教育的特点、大学生常见心理问题及应对策略、亲子沟通方法等，引导家长了解孩子在校的学习和生活情况，并给予孩子必要的支持，帮助他们适应新角色。

面对学业预警、心理问题、异常言行等特殊事件时，辅导员应及时与家长取得联系，沟通学生情况，获取更多信息，以便为学生提供及时有效的帮助。

对于经济困难、孤残、离异等特殊家庭，应适时与学生及家长沟通，了解相关情况，并给予学生必要的关怀和支持。

二、确定沟通途径

针对家长群体，可以通过线上/线下家长会、家长群、新媒体平台、邮件、家长信箱等途径与家长保持联系，引导他们了解更多信息，与学校建立连接。针对家长个体，可根据具体情况安排面谈、电话沟通或线上会议，尽量避免通过微信文字进行重要问题的交流，以减少信息传递中的误解。在遇到学生严重心理危机等特殊情况时，应第一时间邀请家长到校面谈，充分沟通，共同应对。

三、做好前期准备

在与家长沟通前，应充分了解并整理学生情况，包括学业状况、人际关系、情绪状态等。可以通过学生档案、学生本人、任课教师、舍友等渠道获取信息，形成对学生问题的全面了解。除了学生遇到的问题，也要关注学生的优点和资源，以及您对他们的欣赏之处。同时，需提前准备好相关材料，包括事情经过的详细记录、学院已采取的具体措施等，以备沟通之需。

此外，要注意家庭背景和文化差异。可以通过关注学生基本家庭信息以及与学生的交流了解他们的家庭情况。根据已有信息对学生家长的性格和行为方式做出初步判断，确定与谁沟通更合适、使用何种语言、如何切入话题。同时，要避免先入为主，以自己的观点过多评判。必要时，也可通过联系学生的重要亲属侧面了解学生家庭情况。

四、了解基本态度

（1）尊重与友好。无论家长身份如何，都应一视同仁，给予充分尊重。倾听他们的想法和疑虑，保持友好和温和的态度，避免居高临下，以建立良好的互动关系。

（2）关注与理解。要深切关注并关心家长提出的问题，为他们提供充分的表达机会。需具备换位思考的能力，从学校管理、学生立场及家长视角全面看待问题，理解家长可能产生的情绪波动及认知差异，让家长真切感受到我们与他们并肩作战，共同为学生的健康成长而努力。

（3）坦诚与开放。除了耐心倾听外，还需保持坦诚开放的态度，为家长提供准确的关于学生情况的信息，分享学生在校的学习、人际和生活状况，回应他们的相关问题。此外，要让家长深入地了解学校的教育环境和理念，促进互信关系的建立和家校合作的顺利开展。

五、掌握沟通技巧

（1）创建舒适环境。面谈时选择私密温馨的空间，让家长感受到舒适和安全。通过倒水、聊家常等方式建立良好的沟通氛围，避免在家长情绪激动时进行沟通，待情绪平缓后再进行。在交流之初，先向家长表示诚挚的感谢，肯定他们身为父母所展现出的责任感和对孩子的关切。

（2）尊重家长时间。尽量邀请学生父母同时到场，以更好地了解家庭情况。准时出席面谈，尊重家长的时间。如需调整面谈时间，需提前与家长协商。

（3）客观分析事实。在交流中详细梳理事情经过，保持中立态度，客观陈述问题，避免主观臆测。使用通俗易懂的语言，避免过多学术术语或专业名词。循序渐进地陈述问题，避免夸大或轻描淡写。分享学生的积极之处和改进方向，让家长看到孩子的价值和潜质。确保及时、准确地传达学校政策与资源信息，全面、真实地反映学生状况及学校所采取的应对措施。

（4）进行双向沟通。积极鼓励家长表达个人见解，分享对问题的理解，并提出建设性的对策建议，以促进信息的全面共享和共识的达成。

（5）提供积极反馈。引导家长看到问题解决的希望，提出建议并协商解决方案。在帮助家长深入理解学校政策规定的同时，提供亲子沟通与互动的有效建议及相关支持资源，给予家长必要的关怀与指导。

（6）把握沟通分寸。既要对家长耐心倾听、积极共情并提供支持，又要依据法律和规定分清责任边界，合理维护学校及其他师生利益。在表达时既要态度温和又要坚守法律政策。

（7）注重保密原则。尊重学生和家庭隐私，遵守隐私政策和法律法规，谨慎处理敏感信息，让家长感受到学校是值得信赖的。同时，在与家长沟通时注意尊重学生的知情权，避免一边承诺学生不与家长沟通，一边透露相关信息给家长，守护与学生的信任关系。

六、进行总结复盘

谈话结束时，辅导员应对沟通内容进行简要总结，与家长共同确定后续行动计划。同时引导家长以积极的心态看待问题，将其视为学生成长的机会。沟通结束后记录沟通过程、确认共识并存档，形成完整材料，以便复盘和借鉴。

最后，提升自身的沟通技巧可以帮助我们心里有底，不易慌张，但内心的自我认可比技巧更为关键。辅导员需认可自己的身份，相信自己在学生工作上的专业性，同时明晰和家长交流的初心，所有的工作都是为了支持学生的发展。在心里对自己充满认可，才能在和家长沟通的时候做到不卑不亢，温和坚定。

如果遇到具体案例，我们可以有针对性地进行探讨，也可以寻求学院领导和其他老师的支持，您不是一个人在奋斗。希望以上内容能对您有所帮助，相信您终将成为他人眼中的榜样。祝越来越好！

——小港

42 辅导员与家长联动的时机与途径

漂流瓶：

  我能意识到家校协同的重要性，但大学生与中小学生不同，高校更注重培养大学生的独立性。如果过多与家长联系，可能不利于培养学生的独立品质，然而，有时候又非常需要家长的配合和支持。如何把握与家长联系的紧密程度？同时，考虑到大学生家长大多不在本市，沟通方式也比较受限，不知该如何促进与家长的互动。

——辅导员：清风徐来

小港的回复

清风徐来老师：

  您好！如您所说，大学生与中学生存在显著差异，大学老师更倾向于尊重学生的独立性，不会像中小学老师那样频繁与家长联络，反馈学生表现。然而，对于尚未真正踏入社会的大学生而言，家长依然是他们的主要监护人，学校与家庭需要协同育人。这就容易导致一种情况：大学老师通常不与大学生家长沟通，只有在学生出现问题时才联系家长。这种情况下，家长往往感到措手不及，家校之间也难以建立良好的合作基础，进而影响后续工作的开展。因此，您的问题极具代表性，也颇具探讨价值。关于家校联动的时机与途径，以下是一些建议供您参考：

一、注重关系建立，推进全程联动

首先，良好的家校关系是顺利开展工作的第一步，也是最关键的要素。如果能在早期与家长建立良好的关系和连接，那么在真正遇到问题时，双方更容易形成友好的联盟，朝着共同的目标努力。例如，在新生报到时，可以通过发放《家长手册》、召开家长会等方式，引导家长关注大学生心理健康，了解与大学生相处的注意事项以及学校提供的心理支持服务，为家长提供信息和资源支持。

其次，关系需要动态维护。在接下来的时间里，可以向家长提供心理科普知识、家长讲座、家长沙龙活动等信息资源。即使家长不一定都能参与，也能感受到学校的支持和关怀，从而持续建立友善的连接。

如果条件允许，可以在每个学期或学年通过信件、电子推文、邮件等形式，向家长介绍大学生每个阶段的特点、可能面临的困难以及家长如何提供支持，从而建立更深层次的连接。

最后，当遇到需要家校协作解决的问题，如学生学业预警、心理危机等，应及时与家长沟通，共同为大学生提供支持。有了前期工作的积累，家长对辅导员的接受度和信任度会显著提高，双方也会更自然地站在同一条战线上。在学生心理问题得到初步解决后，辅导员应继续与家长保持联系，跟进了解学生的恢复情况和是否需要后续支持，确保问题得到真正解决。

二、提供普遍支持，注重精准联动

对于一些普遍性问题，如如何与孩子沟通、如何更好地成为大学生的"知心人"、如何看待大学生的恋爱等，辅导员可以面向全体家长提供信息资源和支持，并根据工作需要进行家校联动，向家长反馈学生情况，了解学生家庭信息，以便后续工作的开展。

对于比较个性化的问题，如学业困难生、心理困难生的支持等，辅导员可以与学生家长进行个别化沟通和连接，提供针对性的支持资源。通过对接学校心理中心等部门，为大学生及家长提供心理和其他所需的支持，让他们感受到学校和学院对学生的关注和关怀。

辅导员与家长沟通的内容不仅限于学生出现的问题，也可以包括学生在校期间的优异表现或突出成绩。另外值得注意的是，心理咨询中有"保密原则"，但也有"保密例外"原则。《中华人民共和国精神卫生法》规定：学校和教师应当与学生父母或者其他监护人、近亲属沟通学生心理健康情况。当涉及较为严重的心理健康问题或心理危机情况时，我们需要突破保密原则，寻求家长的支持，以更好地帮助学生并给予其必要的关怀，与家庭共同渡过难关。

及早发现问题、解决问题远比等到问题恶化至不可挽回的地步要好得多，这非常考验辅导员的观察力和对学生的关注程度。同时，也不需要过于紧张，以免打乱学生自身处理问题的节奏，影响问题的解决，而是应给学生留有适当的处理空间。

三、结合具体情形，加强多元联动

辅导员可通过多种途径促进与家长的联动。针对不同的时间节点、不同的学生情况，措施包括但不限于以下几点：

1. 建立家庭档案。学生入校时应及时做好家庭情况登记工作，建立家庭档案，了解家庭成员基本信息（包括家长的受教育程度、工作单位、身体状况、联系电话等），并及时更新信息，确保信息的准确性。对少数民族、单亲家庭、孤残、家庭经济困难等特殊情况的家庭档案应予以标明，对于复学、转专业等情况要做好移交工作。

2. 畅通信息传递。可以通过微信公众号等平台发布与家长相关的支持性信息；通过信函向家长提供需要了解的学生情况以及对家长的引导、提醒等信息，如"给新生家长的一封信""给大三家长的一封信"等；通过问卷收集家长的困惑和问题，并有针对性地提供相应支持，增进家长与辅导员的信息互动。

3. 进行分级沟通。辅导员可以通过 QQ、微信等网络媒介与家长灵活联系，进行信息交流；对于有突发事件和较大学业、心理等问题的学生，辅导员可以通过电话与学生家长及时联系，反馈情况，以助于解决问题；对于遇到特殊问题和严重问题的学生，应约其家长来校面谈沟通。在有必要的情况下，可以组织"家-校-院"联动，开展包括学院负责学生工作的领导、辅导员、班主任、心理健康教育中心老师、家长、学生等在内的多方会商。如涉及教务处等其他职能部门或特定议题，可以视具体情况增减会商组成人员；条件允许的情况下，可利用寒暑假期间有针对性地进行实地家访，更多了解学生家庭情况和信息。

4. 设置反馈渠道。如家长对学院教育方式等有不同意见或提议，可以设置意见信箱，或者向副书记等学院领导及老师反映情况。对于家长来访、来信，应认真接待、给予答复，详细记录与家长沟通的情况，并及时上报相关领导与部门。

此外，家校之间的联系要适宜，边界要清晰。辅导员需明晰自己的角色定位，对家长的需求进行及时合理的反馈。既要避免与家长之间缺乏沟通，也要避免过于频繁地联系家长。辅导员与家长联系过于频繁不利于大学生的自我成长，同时辅导员也可能变成家长的传声筒，从而破坏辅导员与学生之间的信任关系。

辅导员可结合具体情形，适时采用相应途径与家长联动，加强与家长的沟通，并保持合理边界。与家长建立支持性的同盟关系，争取家长的紧密配合，发挥家校的整体育人功能，共同为大学生的健康成长而努力。

希望以上内容能给您带来一些帮助和支持。如有具体问题，期待与您进一步交流。祝好！

——小港

43 是否应建立家长群

漂流瓶：

我最近在是否建立家长群的问题上颇为纠结。与家长保持有效沟通至关重要，而家长群作为一种普遍且便捷的沟通方式，在中小学中广泛应用。我本人也是孩子所在小学班级家长群的一员，群里老师经常分享各类信息，与家长互动频繁。然而，在大学阶段，辅导员无需事无巨细地与家长沟通，且时间和精力有限，难以运营和管理家长群。因此，我对于是否建立家长群，以及如何管理感到十分困惑。

——辅导员：阿衡

小港的回复

阿衡老师：

您好！我完全理解您的纠结。大学生与中小学生不同，我们需要鼓励他们独立解决问题，培养自我管理能力，将他们视为独立的成年个体。因此，父母与孩子之间应保持适当的距离，给予彼此更多的尊重和私人空间。然而，作为学生的监护人和重要支持者，家长与学生的问题息息相关。辅导员与家长之间需要建立一定的联系，既要确保沟通渠道畅通便捷，又要合理规范渠道的使用，避免过度干预。关于高校家长群的建立与管理，以下是我的一些建议和思考，供您参考。

一、是否需要建立家长群

家校合作在现代教育中扮演着越来越重要的角色,是培养新时代大学生的重要途径。大学生面临着学业、就业等多重压力,部分学生还面临家庭关系、父母期望等带来的心理挑战。家庭问题已成为大学生心理困惑的重要组成部分,一些心理危机的发生与家庭密切相关。因此,家校共同守护大学生的心理健康至关重要。

然而,在大学阶段,家庭教育的功能逐渐弱化。由于部分辅导员和家长缺乏家校沟通的意识,以及缺乏有效的沟通途径,家校之间难以实现畅通的信息交流。在心理工作中,辅导员与家长的联系往往局限于特殊学生群体,如心理困惑生、学习困难生等。这容易导致辅导员在问题发生后扮演"消防员"的角色,而家长则处于被动地位,难以有效预防问题的发生。

建立良好的家校沟通渠道可以实现沟通前置,向家长传递更多信息和资源,引导他们了解学校政策、掌握与孩子沟通的技巧等。这不仅有助于促进良好亲子关系的建立,减少不良家庭关系对学生的影响,还有助于后续可能的家校联动,增强家长对学校的信任感,形成合作同盟。因此,构建线上家校沟通平台,建立家校互动与共育的长效机制显得尤为重要。相比公众号等其他线上平台,家长群具有使用面广、便于信息传播和互动的优势。

二、家长群有哪些用途

家长群和家校沟通平台在高校中曾被用于传达重要事务通知、发布重要信息。然而,在心理工作方面的功能相对薄弱。具体来看,在心理工作方面,家长群可以发挥以下作用:

1. 动员家长关注学校及学院的微信公众号等新媒体平台,了解学校的整体环境、相关资讯、教育资源、各类活动等,从而更好地了解学生所处的学习与生活环境，增进与孩子的联系。

2. 发布学校心理健康教育中心或学院心理分中心的心理健康科普宣传资讯、家校联动活动及服务宣传信息等，引导家长及时获取心理支持资源，指导家长更好地进行亲子互动。

3. 根据需求在重要节点组织家校交流会议，通过线上渠道发布学院指导信息。同时，可邀请心理老师或专家为家长答疑解惑，集中解决家长在心理教育方面的困惑，为学生提供更好的支持。

三、如何管理家长群

高校家长群的使用需要把握好工作的边界。在管理过程中，可以注意以下几点：

首先，明确界定群功能。高校家长群是一个有限功能群，主要用于学院或老师向家长传递普及性信息和资源，如学校家长心理讲堂活动信息。它不应用于处理紧急事务、家长与学院进行重要问题的直接沟通或向学生家长汇报学生的日常信息。这样可以避免耽误问题的处理，防止家长群成为家长了解学生日常生活学习的窗口以及对学生进行过度管理的工具，从而削弱学生的主体意识和责任，也不用于家长之间与资源信息无关问题的讨论。

其次，制定家长群使用规范。包括文明用语、发言内容范围、入群审核等。可指定专人负责家长群的日常运营和基本管理，如合适的教师或家长代表，以促进家校信息的联动而非个体问题的讨论。

最后，考虑到部分家长可能不熟悉网络工具的使用，难以接收到相关信息，辅导员应对此类家长给予特别关注，采用其他方式进行沟通交流，让家长感受到学校的关怀与温暖。

高校家长群的建立有助于畅通家校沟通渠道，为高效进行家校联动提供便利。然而，它也带来了更多的工作挑战，需要我们把握尺度、合理规范。当然，高校家长群的建立仍在探索之中，并非促进家校交流的唯一途径。除了家长群外，我们还可以尝试建立更为有效的沟通平台来方便和规范家校沟通，如通过微信公众号、短视频平台、电子邮件等方式进行辅助，以促进家校协同合作。希望辅导员老师们能够在工作中不断探索实践，期待后续有更多的交流和探讨。

祝工作顺利！

——小港

44 辅导员"家校联动"的工作边界

漂流瓶：

　　我在家校联动工作中遇到了一位妈妈。她的孩子最近成绩严重下滑，她与孩子交流后，情况非但没有好转，孩子反而拒绝与她沟通。这位妈妈不断联系我，想要了解学生的情况，询问学生是否去上课、是否正常作息、是否好好吃饭……起初，我会耐心安抚她，但后来她不分白天晚上、工作日还是休息日地联系我。我很想帮她，但也感到非常疲惫和无奈。对于这样的家长，我不知道应该如何对待。

　　　　　　　　　　　　　　　　　　——辅导员：热心圆子

小港的回复

热心圆子老师：

　　您好！人如其名，我能感受到您是一位非常热心、有责任感的老师，您总是尽力为学生和家长提供支持。我也能理解您目前所面临的矛盾和无力感。当家长的需求超出我们的承受范围，甚至干扰到我们的个人生活时，我们不禁会思考：在家校联动中，我们应该扮演什么样的角色，才能既保护自己，又帮助对方，让家校联动发挥出最佳效益呢？

一、明确自身的角色与定位

高校辅导员集思想政治教育、学生管理、学生服务等诸多职责于一身，工作内容广泛，角色定位多元。我们既是学生的老师和管理者，也是他们的服务者，需要在不同情境中灵活切换角色。这有时可能会让学生和家长对我们的角色定位产生混淆，对我们的职责和功能缺乏清晰的认识，或者赋予我们过度的责任和义务。

我们自身、学生和家长都需要了解辅导员的专业定位和工作职责。辅导员是带领学生成长的"引路人"，肩负着繁忙的任务和重要的使命，需要关注学生的思想政治教育、职业发展规划、心理健康发展；进行组织管理、活动开展、评奖评优、家校合作等；为学生提供必要的信息支持、政策咨询、事务处理、就业推荐等。其中每一项工作都需要讲究艺术，并具备多元化的能力。

二、守护好自己的工作边界

在事务性工作上，我们相对容易明确职责、理出头绪。但在灵活性的工作内容上，守护边界则更加困难。辅导员需要二十四小时"待机"，随时处理学生的突发情况。面对学生和家长的电话和信息，如果一一及时处理，会扰乱我们的休息；如果不及时反馈，又容易产生自我责备。因此，设置有弹性的边界非常重要。

在遇到危机事件时，辅导员乃至相关老师都需要打破工作时间边界，以学生的人身安全和福祉为第一要务，以最快的速度进行响应。而在一些非紧急情况下，我们可以适当守护边界。为了更好地守护边界，我们可以就工作时间和内容对学生和家长进行澄清。

在工作时间上，我们可以告诉学生：老师很愿意回应大家的问题，但请尽量在工作时间段内联系；如果不是紧急情况，尽量避免在某个特定时间联系；如果在某些时间不能及时回应，也请大家谅解，后续如果看到信息一定会回复大家；但如果有重要或紧急的事情，可以随时电话联络。

在工作内容上，我们可以告诉学生：作为大学生，哪些事情需要大家学会自己去完成，哪些事情可以求助于辅导员。同时，我们也可以告诉家长：哪些事情属于我们的工作内容，哪些超出了我们的工作职责和能力范围（比如帮助家长向孩子传递命令、获取孩子的日常信息以监管孩子的行为、成为家长的情感支撑等）。我们要让家长明白：大学生已是成年人，如果辅导员变成家长手臂的延伸，不仅不利于大学生与辅导员关系的建立，也不利于学生的独立发展。

三、接纳自己的有限性

辅导员要注意避免过度卷入学生的家庭问题。一些辅导员非常想帮助学生，希望通过自己的努力去改变其家庭环境、解决家庭矛盾冲突。然而，这往往是很困难的。大学生的家庭问题大多并非一朝一夕形成，我们可以帮助父母纠正一些认知偏差、提出改进建议、引导家庭关系往好的方向发展，但很难通过几次交谈就解决家庭固有的矛盾。我们可以鼓励学生家庭寻求专业的支持，比如家庭治疗等。我们渴望保护每一位学生，但人生之路没有永恒坦途。我们只能尽力为学生改善其成长环境、提供多方支持；在无愧于心的同时，也要尊重每个人的命运和他的无限可能。

此外，一些家长在遇到孩子的问题时会感到无措，甚至被激发起自身的情绪。辅导员容易成为家长朋友的抓手，尤其是像您这样善解人意的辅导员。您能让家长感受到支持和安慰，但也容易让部分家长产生依赖。我们可以给家长提供力所能及的支持，比如面对家长的焦虑和不安时，可以适当安抚他们的情绪、理解他们对孩子的担心和关心，并给他们一些引导和建议来改善亲子关系。但请勿成为家长的个人咨询师或情绪回收站，这对辅导员和家长来说都会带来问题。辅导员和家长是平等合作的关系，如果家长需要心理支持，可以预约心理中心的家长咨询或寻找专业的心理支持服务。

对于您提到的这位妈妈，我们可以真诚地表达自己的有限性，让对方知道我们非常理解她的心情，也很愿意帮助她，但要明确哪些做法可能对目前的情况有益，哪些可能会起到反作用；哪些适合自己去做，哪些超出了能力的范围，避免对方抱有不切实际的期待。这可能会在当下让对方感受到一丝失落，但从长远来看并不会真的伤害到对方，反而是一种负责的体现。同时，我们可以帮助协调资源、建议其寻求专业的心理支持，并在亲子关系方面给予引导，让她知道我们会和她一起关心这位学生、共同支持他走出困境。我们还可以向她真诚地反馈自己的感受，引导其看到自身的行为模式容易让对方感到不适、想要回避。而我们的感觉很有可能也是学生的感受，因此学生只能通过切断联系来保护自己的边界。让她了解当爱带着焦虑时，就可能失去本身的颜色，最重要的是先安抚好自己。

四、自我觉察和关爱

辅导员老师也要记得觉察和关爱自己。您做得很棒的部分是对自己的情绪状态有清晰的觉察，及时感受到了"疲惫和无奈"。辅导员和心理工作者一样，需要用一颗心去影响另一颗心。在关爱他人的同时，一定要照顾好自己，不过度透支、超重承载，建立合适的工作边界。

边界的建立并非易事，在外看是时间、是信息、是电话，向内看是我们自己的站位、对角色的明晰、对职业的自信、对自我的守护。唯有自身拥有弹性和能量，给心留下安适的空间，才能更好地关注和帮助更多的人。

热心圆子老师，愿您越来越好！在温暖他人的同时，也温暖自己！

——小港

45 如何进行危机学生的家校联动

漂流瓶：

　　我有一位学生出现了心理危机，心理咨询师反馈这位同学有自杀想法和计划。考虑到学生的安全，按照工作要求，我们需要联系家长。但学生强烈反对，也不愿父母知晓他的情况。我深感为难，一方面，我理解学生的心情，也担心联系家长后会失去他对我的信任；另一方面，我又担心他的安全，需要家长的支持，同时也必须遵守工作要求，不知该如何是好。

——辅导员：丹心

小港的回复

丹心老师：

　　您好！我非常理解您当前的困境。在工作中，我们时常会遇到这样的情况：心理危机的学生不愿意辅导员联系家长，他们宁愿独自承受内心的痛苦，甚至想到结束生命，也不愿让父母知道自己的现状，这无疑给辅导员带来了极大的挑战。作为孩子的监护人，家长有权第一时间了解关系到孩子生命安全的重要信息；而作为学生信任的师长，辅导员也希望尊重学生的意愿，理解他们的抗拒一定有背后的原因，于是您陷入了两难。那么，面对这样的情况，我们应该如何应对呢？

一、家长是不可或缺的支持资源

当学生主动向我们透露轻生的想法或计划时，这实际上是一种"求救"信号，意味着他仍然对人间的温暖抱有一丝期待。对学生而言，家长是非常重要的支持资源，具有不可替代的作用。辅导员需要告知监护人学生的危机状况，引导他们重视学生的轻生意念和求生表达，共同保护学生的生命安全。同时，我们应竭尽全力整合所有力量来支持学生，寻找一切资源陪他渡过难关。

此外，大学生若产生"不想活"的念头且不愿告知父母，这往往反映出家庭关系中潜藏的问题。在过去的时间里，父母可能与孩子的情感交流并不顺畅，难以了解孩子的情绪状态，也无法提供有力的情感支持。因此，我们应积极创造机会，促使家长认识问题所在，并帮助学生重建对父母的信任，促进双方情感的表达和流动。

二、耐心倾听，了解原因

学生不希望联系家长一定有他的原因，我们需要更多耐心，了解学生为何排斥向家长透露困境。许多同学内心柔软，习惯照顾他人感受，宁愿自己受累，也不愿麻烦他人，乐于助人却害怕接受帮助，担心成为负担。他们深知父母的不易，了解如果告诉了父母，家人会多么担心，也正因如此，他们在痛苦里坚持，既找不到出路也无法下定决心放弃。

还有一些同学和父母的关系非常僵化，甚至对父母存在敌对的情绪，"想死"本身包含着一种反抗和无力，觉得父母已经"无药可救"，告诉他们只会添堵，非但无法提供精神支持，反而可能雪上加霜。或许他们曾多次向父母求助，却未得到足够的关怀，再次寻求帮助只会让他们再次受伤，因此他们选择封闭自己，自我保护。

辅导员需耐心倾听，理解学生的担忧，探寻其诉求背后的原因，看到他们对爱的渴望。这有助于我们更加了解学生的家庭状况和内在纠结，从而与他站在同一条战线上。这些信息也有助于我们后续与家长进行协作，为家长提供更加恰当的引导，为学生提供更好的支持。

三、言行一致，真诚表达

处于心理危机中的学生往往比较脆弱。如果辅导员生硬地告诉学生"不行，我必须联系你的家长，这是学校的规定"，可能会让学生感到更加失望和无力。因此，作为辅导员需要让学生知道："老师知道你很难过，你做出一些伤害到自己的行为一定是有原因的，我完全理解你所说的，我也了解你现在遇到了很大的困难，需要更多人一起来支持你。你的生命对我们来说是最重要的，我相信对你的父母来说也是至关重要的。问题的原因可能与家庭有关，如果不与家长沟通，就可能永远无法做出改变。我们会结合情况引导父母进行相应的调整，共同帮助你。我也会一直支持你。"

如果沟通仍然有困难，辅导员要真诚地表达自己的为难，并告诉学生："我能理解你的感受，但这也是学院和学校的规定。作为你的父母，他们有权利知道这个情况。我会尽量做好家长的工作，避免你所担心的事情发生。请相信老师，我们一起面对。"

小港不建议辅导员一边答应学生不联系家长，一边私下联系并叮嘱家长保密。这样做存在秘密被揭露的风险，也可能让学生敏感地察觉到父母的变化，从而损害学生与辅导员之间的信任关系。此外，遮遮掩掩的工作方式也不利于后续工作的开展，比如可能需要家长陪同就医、陪读等。因此，小港鼓励辅导员和学生坦诚沟通，真诚表达。

四、温暖引导，共同面对

辅导员不仅是一个信息传递者，更是一个带有情感色彩和专业性的合作者。在与家长沟通之前，应先了解学生的家庭情况，选择情绪状态更加稳定、更有力量给孩子提供支持的人进行沟通。在沟通过程中，我们应主动询问孩子近期的生活与学习状况，以及家庭动态，随后积极反馈学生在我们眼中的闪光点，以及发现的危机信号和孩子可能面临的难题。重要的是，要深入理解并共情家长的感受，共同商讨如何携手合作，为学生提供最坚实的支持。如有需要，可以联系心理中心为家长提供心理支持和指导，引导父母做出适当的调整和改变，进一步实现家校协同。

面对学生的危机情况，辅导员无法单独应对，需要系统的协同工作。其中，家长的支持是必不可少的一环。每个环节的支持力量都能增加学生面对困难的勇气，成为他们前行路上的坚实后盾。当学生不愿意告诉家长时，辅导员应成为带着善意和温度为他呼救的人，而不是一个照章办事的"工具人"。让我们与家长同心协力，为学生撑起生命的保护伞。

——小港

第十章 成为大学生的知心人

学生的「问题」背后,往往隐藏着与家庭关系的纠葛。辅导员需成为学生的知心人,理解他们的苦楚,助力家长与学生打破沟通壁垒,使他们能够真正看见彼此,相互支持。

46 被网络"束缚"的青年

漂流瓶：

一位学生本学期频繁旷课，室友反映他常常缩在宿舍打游戏，有时甚至通宵达旦。尽管我与他进行了沟通，但情况并未改善，且他拒绝接受心理咨询。在与家长的交流中得知，父母对他管教严格，期望甚高。高中时，他偏爱文科，却因父母坚信"学好数理化，走遍天下都不怕"而选择了理科。大学和专业也是由父母代为抉择，标准是离家近、就业前景好、收入高。如今已是大三，父母期望他毕业后进入大厂工作，而他对此表示强烈反抗，与父母争吵后，他选择了沉默，将自己"束缚"在网络上。我不知如何才能帮助他。

——辅导员：岚

小港的回复

岚老师：

您好！收到您的来信，我深感忧虑。面对这位被网络"束缚"而旷课的学生，我们确实感到棘手。他不仅对辅导员的引导置若罔闻，还拒绝心理中心的支持，甚至不愿再与家长沟通，似乎所有的援助之路都被封锁。然而，我们仍需竭尽全力去帮助他。面对这样的情况，我们可以做些什么呢？

一、理解和接纳：开启心扉的钥匙

一个人的内心封闭越久，就越需要用耐心和温暖去慢慢融化那层坚硬的冰霜。这位学生多年来一直无法真正做自己，而此次与父母的争吵，看似叛逆，实则是他成长的标志。我猜想，在他那难以接近的外表之下，内心必定有着很多波澜。或许他已听过无数大道理，被告知应如何行事、如何选择，并曾努力践行。然而，对于他来说，刻苦学习的真正价值何在？又有谁能真正体会到他的内心感受呢？或许从未有人真正倾听他的想法，了解他的需求，认可他的选择。

因此，我们需要暂时放下辅导员的身份，摒弃对网络游戏的偏见，抛弃对旷课的指责，只是与他并肩站立，耐心交流。倾听他的困扰，告诉他我们理解他的感受，也可以和他分享你眼中的他是什么样子的，你对他有哪些欣赏，比如有没有什么让你记忆犹新的瞬间，或是一些可能被忽视的小事，尤其可以说一说对他内在品质的肯定，让他感受到我的辅导员是关心我、在意我的，也是懂我的。

这位看似"问题学生"的身上，其实蕴藏着难得的品质。他能在多年背负沉重期望的同时，不断前行，抵达新的旅程，这是何等的不易。尽管他未能走上内心最渴望的道路，但仍能凭借聪明才智和卓越毅力，进入一所优秀的大学。他努力满足父母的期望，心中充满对父母的爱与在意。而在此刻停下脚步，争取自己的选择权，展现出独立的思想和巨大的勇气，这是非常珍贵的。

面对现实的压力，他无处可逃，只能躲进网络寻找内心的慰藉。或许只有在网络上，他才能感受到自由与掌控；或许他只是想表达反抗，不愿再做"乖孩子"；或许他只是太累了，需要去休息；或许在网络上他能找到理解与认可……总之，网络对他意义重大。我们不能直接要求他切断对网络的需求，而是需要引导他对现实生活重新燃起希望与热情，支持他做自己。

二、看见和改变：给予自由的空间

面对家长对学生的期望与要求，辅导员需耐心解释学生沉迷网络的可能原因。在多年的严格管控与被安排下，学生的配合与顺应让他感到身心疲惫。我们应引导家长理解学生的内心纠结与懂事隐忍，欣赏他的优异能力与独立思考。同时，让家长看到学生当前的状态并不理想，更不快乐。学生未必不想拥有美好的未来，或许他只是想要自己做选择，不愿一步步走向不喜欢的人生。

学生已筑起一座高高的心墙，若仍按照之前强硬要求的方式，如禁止使用网络等，不但无法解决问题，反而可能让心墙更加坚固，甚至引发更不可控的反抗。现在最需要做的是帮助他打开心结，回归正常的学业与生活，支持他探索自己的未来。如果家长能够放下紧绷的神经，改变互动方式，愿意倾听孩子的想法，一切就有了新的转机。

在沟通过程中，辅导员也需理解家长。一些家长因自身经历和认知限制，无法给孩子更加自由宽松的空间和更好的引导。他们可能并不清楚进大厂的具体要求以及当前的就业形势，更不清楚孩子是否喜欢大厂的工作、是否想要快节奏的生活、是否有自己的考虑和打算。但在他们的认知里，好的未来就是挣更多的钱、有一份体面的工作，而大厂意味着更好的未来。因此，我们可以向家长普及一些就业情况和利弊分析，让他们明白没有完美的选项，只有最适合自己的答案。让家长尊重孩子的愿望，给他自由尝试和选择的空间。

三、成为学生与家长沟通的桥梁

当学生与父母的坚冰无法融化时，辅导员需充当桥梁角色，了解学生内心的真实想法和父母的担忧，并引导父母改变教育理念。当父母意识到自己的期望与孩子的梦想可能并不相同，而他们的所想不能让孩子通往幸福时，或许愿意收回自己的要求，更多去倾听、了解孩子真实的想法和感受，从而让学生看到新的希望。当父母的态度有所转变后，再引导学生看到父母的初衷和局限。促进家长与学生的沟通，让坚冰慢慢融化。

如果父母能放下对孩子必须怎样的要求，学生就有了要求自己的力量和空间。这么多年被"束缚"，无论是被父母的控制"束缚"，还是主动被网络"束缚"，都需要一个松绑和自由探索的适应期。或许他暂时自己也说不清究竟要什么，或许他的想法还不够成熟。我们不要着急否定他，而是支持他自己去探索，然后一起平等地探讨未来的发展。

学业问题和行为问题的背后往往有家庭问题的影子，需要家校协同努力才能找到解决问题的钥匙。希望您能见证这位被网络"束缚"的学生给自己松绑，活出自己的精彩人生。

——小港

47 不想让父母看到我的"狼狈"

漂流瓶：

一名学生期中考试情况很不理想，情绪状态也极差，觉得无颜面对父母，恳求我不要将她的情况告诉家长，希望再努力一把看看。但我知道她目前的情况非常需要家庭的支持。与学生沟通后，我还是与家长取得了联系。家长表示女儿并未向他们吐露实情，了解情况后非常担心，想要过来看望女儿，并陪伴她就医。然而，学生对此难以接受，她说她不想让别人，尤其是自己的父母，看到自己如此"狼狈"。我不知该如何做她的工作。

——辅导员：快乐风车

小港的回复

快乐风车老师：

您好！感谢您的来信。面对学生的特殊情况，家校协同提供支持往往至关重要。然而，学生常因种种顾虑而反对辅导员联系家长，如您所述，这位学生就不愿让父母看到自己的"狼狈"而拒绝他们的看望。那么，在这种情况下，辅导员应如何帮助学生呢？

一、理解并尊重学生的内心担忧

很多大学生自尊心极强，无法接受自己"狼狈"的一面，更不愿让老师、同学、父母等看到自己这副模样。如果学生强烈反对家长前来，我们首先不建议家长以突兀的方式直接到访。因为父母出于关心的到来，对学生而言可能是一种压力，她可能担心父母兴师动众后，自己的表现若仍然不佳，会更加无颜面对。但这并不意味着我们要对学生置之不理，学生内心其实还是渴望得到家人的关心、接纳和支持的，只是内心的愧疚或恐惧让他们难以坦然面对父母，这时需要更多的安抚来让他们安心。

学生情绪状态和学业状态如此不理想，背后定有特别的原因。我们可以与学生一起探讨这些原因，比如学习跟不上、内在压力导致的情绪问题、专业不匹配，或是遇到了什么特殊事件等。同时，要引导学生认识到，大学生出现暂时的学习困难和情绪问题是非常正常的，我们可以一起对症下药，去应对和解决，从而让她放下过度的自责和灾难化想象。

此外，这位学生似乎不擅长自我表达和求助，但她能在辅导员面前真实表达，说明她对辅导员有一定的信赖。因此，辅导员可以与学生更深入地探讨，如果父母知道了她的情况或者来到学校，可能会发生什么，她真正的担心是什么。她不想让父母看到她的"狼狈"，可能是怕看到以她为骄傲的父母会伤心失望、愤怒不满，或是担心忧虑。除了了解学生的内在顾虑，我们还要了解她真正需要哪方面的支持，希望老师和父母如何帮助她走出困境，从而对她有更多的理解。同时，了解学生的家庭情况以及她与父母的关系状况，评估父母是否能提供有效的支持，以便在与家长的沟通中给予适当的引导。

在与家长的沟通中，我们可以了解学生的成长经历、家长的教育理念，以及父母的情绪状态是否稳定等，从而多方面收集信息，给予学生所需的支持和引导。

二、透过"狼狈"看到学生的闪光点

学生被自己"狼狈"的现状所蒙蔽，但我们需要透过这层"狼狈"看到她的珍贵之处。辅导员可以了解学生的成长经历，可能会发现那曾是一条充满荣誉的闪光之路,她也深受家长和老师的喜爱。这样的学生往往习惯对父母报喜不报忧。然而,太过想要扮演一个"好学生""好同学""好儿女"的角色是非常耗能的,尤其是在我们遇到困难、感到虚弱的时候。辅导员可以让学生看到,暂时的落后并不能抹杀她优秀的品质,并告诉她您欣赏她那种执着地想要再努力一把,而不轻言放弃的精神;欣赏她想要自己解决问题,而不愿叨扰家人的独立;欣赏她一路走来所展现出的聪明才智。

每一个不想让父母看见自己"狼狈"的孩子,都需要一个接纳的拥抱,都有一颗渴望被爱的心。他们真正想要的不仅是父母看得见的支持,更是父母看不见的接纳和允许,希望父母依然可以为自己感到骄傲。因此,我们可以引导父母看到真实的学生,无论发生什么,都可以欣赏她本身的价值。对于无法接受孩子"不够优秀"的父母,辅导员需要做更多的前期沟通工作,引导他们更全面地理解大学生在学校所面临的环境和压力,以及可能遇到的困难和问题。同时,让他们看到自己的焦虑,从而放下内心的执着,对孩子有更多的共情和允许。

通过辅导员和父母的表达,让学生知道即使自己看起来"狼狈",也依然值得被爱。总有人心疼她的脆弱,喜欢真实的她,而不仅仅是喜欢她所呈现的光芒。

三、让学生放下心理负担,让家长给予坚定的爱

习惯优异的学生往往缺乏应对挫折的经验,因此容易陷入困境。辅导员需要先让学生放下过度的压力,让她看到期中考试已经过去,无需再耗费更大的气力去自责。现在最重要的是调整好自己的情绪状态,找到问题的原因。先照顾好自己的身心健康,养精蓄锐再慢慢跟进才是长久之计。同时,也可以分享一些其他学生如何度过学业困难、走出困境的例子,以供她借鉴。此外,要让学生明白有些问题单纯依靠个人的努力去解决可能会很困难,"麻烦"别人并不可怕,这代表着对他人的信任。如果有什么

困惑，可以找同学、辅导员倾诉，也可以寻求家人、心理老师的支持，从而让她放下过重的心理负担。

特别是对于那些已经出现情绪问题或心理异常的学习困难的学生，需要协同心理中心、家长、医院共同协作，一起应对。辅导员可以引导家长多关注学生的日常生活，关心她这个人本身，而不仅仅是学习成绩。不急切地希望她变成什么样子，允许她按照自己的节奏去调整。让孩子知道她的健康快乐对父母来说是最重要的，爸爸妈妈愿意陪伴她度过低谷，同时也会照顾好自己。

辅导员就像一个穿针引线的幕后英雄，帮助家长和大学生打破沟通壁垒和心理防火墙，使他们能够真正看见彼此。引导家长以接纳和欣赏的态度对待孩子，给予孩子坚定的支持，同时照顾好自己；引导学生直面问题，放下担心，理性看待父母的陪伴。

"狼狈"是一扇大门，走过这扇大门，就能拥抱更真实的爱。

——小港

48 你听，生病在呐喊

漂流瓶：

一位学生经常因肠胃不适而请假，自称是"老毛病"。虽经多位医生检查，均未发现大问题，只是建议其放松心情、规律作息，并服用一段时间药物后便可恢复。在与学生谈心时得知，其父母工作繁忙且经常争吵。每当她生病时，父母会提前回家，对她特别温柔，这让她感受到了与平时截然不同的家庭温暖。她自幼便是个"药罐子"，但总是尽量不给父母添麻烦，学习自觉且努力。除了身体较为虚弱外，其他方面都让父母非常省心。这位学生的身体状况是否与心理有关？我们应如何帮助她呢？

——辅导员：温暖蒲公英

小港的回复

温暖蒲公英老师：

您好！感谢您的来信。您对学生的身体状况如此悉心关照，并在谈心谈话中关注学生的成长经历和心理需求，足见您是一位非常负责任且敏锐的辅导员。确实如您所想，许多身体疾病与心理状态息息相关。对于这位同学的情况，我们可以如何给予力所能及的帮助呢？

一、生理疾病与心理状态紧密相连

在心理学中，有一个术语叫作"心身疾病"。当一些身体症状在医院无法查出具体诱因，且容易反复，并会随境遇和情绪的变化而自行调整时，很可能与心理状态有较强的相关性，也可能是内心诉求的外在反映。一些心身疾病较为明显，如进食障碍、睡眠障碍等，人们很容易将它们与心理状态联系起来。而还有一些则容易被忽略，如肠胃疾病、皮肤病、哮喘等，实际上它们也是常见的心身疾病，与情绪有着密切的联系。人体的胃肠道是一个比较容易受到情绪影响的器官，胃肠功能，尤其是消化功能，会随着情绪的波动而出现躯体化症状。

非精神科医生往往较少关注致病的心理因素，因此患者通常只是通过纯粹的躯体治疗来获得康复。然而，对于心身疾病而言，最重要的并非身体的治疗，而是心理的调整。我们需要找到症状背后隐藏的语言，觉察内心的真实感受和需要，否则只是治标不治本。根据这位学生的描述来看，她从小身体虚弱多病，很可能并非仅仅是生理问题，而更多源于心理原因。

二、理解学生生病背后的深层呼唤

像这样看起来非常懂事、省心的学生，内心往往压抑了许多需求和渴望。父母工作繁忙，也许她也很羡慕其他小朋友有爸爸妈妈的陪伴，渴望与爸爸妈妈一起玩耍，但这对她来说却不太容易实现。孩子内心更深层的渴望是被父母看见、被父母重视，而不是总被排在其他事情的后面。当她发现生病时，爸爸妈妈都变了样，她获得了渴望的陪伴，这可能让她感受到自己很重要、值得被爱。此外，不良的家庭氛围本身会影响我们的情绪。如果父母不能守好边界，让孩子卷入夫妻的矛盾中，孩子会在无形中被消耗能量，容易生病。她也在用自己的身体守护着家庭，当她生病时，情感不和的父母有了共同的语言，家庭变得更加和谐而完整……如此看来，时不时"生病"反而给她带来了好的体验。忙碌的父母不一定能感受到孩子内心细腻的需求，甚至连孩子自己都未必能觉察到自己身体的"小把戏"。只是在这个过程中，彼此都完成了一次次强化：生病原来可以带来这么多"获益"啊！

许多学生难以用语言表达自己的感受和需求，或许是因为体谅和懂事，觉得父母已经够辛苦了，自己不应该也不忍心再给父母增加负担；或许是想如果自己表现得更优秀、更省心，爸爸妈妈是不是就会少一点争吵；或许是害怕给他人增添麻烦，不确定自己是否值得如此多的关注；或许是害怕失望，担心自己提出了想法却得不到回应；或许是家里没有这样一种沟通的模式，可以坐下来谈谈想法、倾诉心事，她不知道该如何表达……于是，她选择自己消化一切。但情绪总要有一个出口，身体便成为一个表达的工具。进入大学后，学生依然在用身体表达情绪，可能依然有所困扰。辅导员可以尝试做学生的知心伙伴，倾听她内心的想法和需要、困惑和难过，理解她渴望亲情的陪伴和温暖，欣赏她运用身体的智慧，并引导她遇到问题时可以与自己沟通。同时，也可以推荐她到心理中心进行咨询，以更好地了解生病的内在动因、调节自身情绪、获得内在的成长。

三、疗"体"不如疗"心"

作为父母，可能并未意识到孩子的内在需求以及家庭关系对孩子的影响。他们可能以为孩子身体素质不佳，于是通过督促孩子好好吃饭、多加锻炼、在物质上满足孩子来表达对孩子的爱。然而，物质的满足对一个孩子的成长来说是远远不够的。情感的满足将带给孩子内在的底气，让他们成长出坚实安定的种子，以抵挡世界的风风雨雨。

根据学生的具体情况，辅导员可以在合适的时机与家长进行沟通。理解为人父母的不易，并让家长了解到看似懂事的女儿其实有着如此丰富的内心情感。引导家长懂得除了身体的照顾外，对孩子情绪和心理的关照也是非常重要的。建议父母与孩子好好交流，彼此敞开心扉谈谈内心的感受，看到孩子的失落和渴望，了解她对父母关系的看法和担心。此外，要多关心孩子的生活和心情，哪怕只是一个短信、一个电话、一次视频，不仅是在生病的时候，更是在平凡的每一天都可以给孩子更多的关注和关怀。同时，引导家长留意婚姻关系和亲子关系的边界，把夫妻间的问题留在夫妻间解决，让孩子能够感受到来自父母的温暖和家的温情。

更重要的是大学生自身的觉察和成长。辅导员可以引导学生结交更多伙伴、找机会和家人沟通、预约心理咨询，看到自己"生病"背后的呼唤并更好地关照自己。当自身更有力量时，就更能够表达自我、满足自我、获得更多爱的滋养，也让身体的能量流动起来。

许多人的疾病其实是一种内心的呐喊。有的在呐喊关注和关心；有的在呐喊权利和自由；有的在呐喊放松和放下；有的在呐喊家庭的和谐……透过疾病去看到学生内心的渴望并引导学生和家长做出相应的改变，我们就可以穿越迷雾、看到光明。

——小港

49 我的家是一个华丽的冰窖

漂流瓶：

　　一位学生每到寒暑假都会以各种理由申请留校，父母无法劝说孩子回家，于是与我沟通，希望我能说服学生回家。他的父母都是高级知识分子，家庭条件比较优越，且他是北京考生，高考成绩在北京也是有竞争力的。在与他的沟通中，我了解到他的父母关系不和，很少交流，就像两个熟悉的陌生人。他们说不离婚是为了让他有一个完整的家，但这个家却非常冰冷。因此，他选择了离家远的大学，以逃避家里难耐的氛围，假期也不想回家，觉得在学校有同学陪伴更自由、更温暖。面对这样的情况，我应该如何应对呢？

——辅导员：合欢树

小港的回复

合欢树老师：

　　您好！感谢您的来信。一些大学生会用自己的方式来与家庭保持距离，比如在填报志愿时选择离家远的大学，假期则寻找各种机会留校或外出实习。与其他同学一提到回家就欢呼雀跃不同，他们更渴望逃离家庭。而家长往往难以理解学生的内心感受，只能看到孩子不愿回家的现象。随着孩子的成长，要求和命令不再奏效，于是他们只能求助于能与孩子沟通且有权威的辅导员。面对这样的情况，我们或许无法直接决定孩子是否回家，但可以从以下几个方面给学生和家长带来积极的影响。

一、倾听并理解学生的内心苦楚

倾听和理解本身就是一种疗愈。高知的家庭背景和优越的家庭条件有时就像一个华丽的壳子，掩盖了内心的创伤。在外人看来，一家人整整齐齐、光鲜亮丽，往往会投来羡慕的目光，却不知其中的滋味。身处父母不和、缺乏情感沟通的家庭中，孩子可能会在冰冷的家庭氛围里感到压抑，也可能被赋予很大的责任去让这个家庭产生联动。对于一对关系疏离、少有交流的夫妻而言，关于孩子的事情是他们讨论的重要话题。孩子不自觉地成了家庭关系的核心，背负着充当父母关系纽带的使命，容易成为父母的传声筒、黏合剂、倾听者或裁判员。而当孩子意识到自己是父母持续痛苦婚姻的"原因"时，尚不能形成客观认知的他们会感受到更大的压力和负罪感。在明白事理之后，也许会感到愤怒和委屈，这些都会影响孩子对家庭的感知以及与父母的关系。

对于大学生来说，即使逃离了家庭，内心可能依然痛苦。形式上的逃离会形成物理上的阻隔，但内心不一定能完全放下对父母的牵挂。辅导员应理解学生内心对于回家或不回家的纠结，并意识到不想回家一定有其重要原因。学生能够与辅导员分享自己真实的家庭情况，说明对辅导员有很大的信任。如果有人能够透过光鲜的外表倾听到他内心的寒冷，对他来说会是一种很好的释放和宽慰。辅导员需要与学生站在一起，给予他看见和回应，让学生感受到被支持而不是被要求，这样学生就会愿意有更多表达。切勿成为家长的抓手，直接和家长一起规劝孩子回家。

二、给予家长适当的建议与引导

对学生及其家庭情况有了更加全面的了解后，辅导员在与家长沟通时可以给予适当的提醒，让他们意识到孩子不愿意回家可能与家庭关系有较大关联。困于关系的父母往往无暇顾及"躲在房间流泪"的孩子，无意中给孩子带来影响和负担。同时，也应看到他们对孩子的关心。或许因为担心家庭变故会影响孩子的学业，所以极力克制，以为不再争吵、平静面对就能让孩子感到安心。殊不知，父母之间看似平静实则暗流涌动的关系正牵动着孩子的神经。一些夫妻之间早已心灰意冷，只是维持着表面的家庭完整，以为可以"骗"过孩子，没想到冰冷的氛围早已出卖了他们。

辅导员可以引导父母客观看待目前的婚姻关系。有可能的话，增加一些情感沟通和彼此的关心，提升家庭的温度。如果夫妻之间实在无法调和关系，也尽量把婚姻的矛盾限制在夫妻之间解决，让孩子回到孩子的位置上。让孩子知道父母婚姻的问题是父母之间的事情，父母会决定是否离婚并为自己负责。无论离婚与否，父母都会永远爱他。如果暂时没有准备好离婚，应让他知道这是父母自己的选择，不去拉扯孩子，也不拿孩子做挡箭牌。同时，做有温度的父母，在照顾好自己的同时，给予孩子尊重、关怀和必要的情感支持。

家庭不良的相处模式日复一日地进行着，如果有人凿开一个口子，就会透进光亮，让彼此看到存在的问题。辅导员就是这样一个推动者，可以填补家长的认知盲区，让他们了解学生的另一面，引导他们有所改变。冰冷的家庭不是一天两天变冷的，而家庭的问题也并非一朝一夕就可以解决。大多数父母看到问题之后都会有改变的意愿，但因处境、行动力等各不相同，改变的速度和程度因人而异。辅导员在能力范围内给予适当的引导，在有必要的情况下可以建议他们尝试进行个体咨询或家庭咨询，以更好地帮助他们解决家庭关系的困境。

三、引导学生自我照顾，建立边界

如果学生坚持希望留校，辅导员可以在规定许可范围内尊重学生的决定，引导学生学习自我照顾，利用假期时间寻求自我成长。欣赏学生能够在遥远的他乡很好地适应环境、获得同学的陪伴，并自主安排生活，看到学生自身的能量。同时，引导学生认识到父母的婚姻是父母的课题，放下不属于自己的负担，建立合理的边界。视情况与父母沟通自己的想法和感受，让自己更有力量之后，带动家庭关系和相处模式的改变。

大学生已经具备了独立自主的能力，可以选择让自己更加舒适的环境。要让大学生更愿意回家，不是通过要求和强迫的方式，而是需要让家更加温暖、更加宜居。毕竟，每一颗漂泊的心都渴望温暖的港湾，而对家的逃离只是一种无奈的选择。如果存在特殊情况确实需要家长有更多介入或学生无法留校，可以根据具体情形与学生沟通说明，并给予家长更多的引导。

很多伤痛并没有肉眼可见的疤痕。那些看起来光鲜亮丽的表面也需要我们驻足停留，去真正了解学生的内在世界。华丽的冰窖需要阳光的洗礼，而我们就是那束温暖而不耀眼的光。

祝一切顺利！

——小港

50 想要保护父母的孩子

漂流瓶：

　　一位同学近期频繁旷课，且在网上发表消极言论。原本活力四射的他，已有一段时间未与同学们一起打球了。我与他谈心后得知，他目前状态极差，好几门课程根本不懂，压力与日俱增。他已寻求心理医生的帮助，并正在服药。作为家庭经济困难生，他的父亲身体欠佳，父母含辛茹苦地将他和弟弟抚养长大，却对他的现状一无所知。学生表示自己会调整状态，恳请我不要告知家长，担心他们无法承受。我深感困惑，不知如何才能帮到他。

——辅导员：雅雅

小港的回复

雅雅老师：

　　您好！感谢您的来信。我们通常认为父母是保护孩子的大山，殊不知孩子也是保护父母的天使。这位同学遇到不小的困难，但他因为深知父母的不易，所以选择独自承担，希望保护父母免受负面信息的干扰。学生的这份孝心令人动容，但他的困境也确实需要我们的支持。那么，我们该如何帮助他呢？

一、引导学生卸下心理负担

孩子天生具有保护父母的本能，而这位同学选择以成为一个懂事、不添麻烦的好孩子来保护父母，报喜不报忧，为父母艰辛的生活增添一点甜味。作为家庭经济困难生，他可能承受着多方面的压力。除了经济压力，精神和心理上的压力同样不容忽视。例如，他可能在人际交往中更加敏感，体验到强烈的自尊与内在的脆弱交织的复杂情感；可能因自己的花费增加了家庭的经济负担而对家人感到愧疚；可能对现实感到无奈，渴望改变生活现状却又力不从心。此外，家庭经济困难生往往容易形成片面的自我认识和消极的自我体验，自我接纳程度偏低，这反过来又会影响其心理状况，使其难以应对来自家庭、学业和人际等多方面的压力。（以上仅为分析，并非标签，请酌情参考。）

这位学生可能觉得父母已经如此艰辛，自己却那么不争气，无颜面对他们，因此产生过度的愧疚感。他既担心父母会为自己的学业和健康操心，又担心看病吃药会给父母带来更大的经济负担，所以尽量自己解决问题或搁置问题。这份担当和孝心本身是非常值得赞赏的。

然而，他目前确实面临着巨大的挑战。学业压力和情绪问题已经影响到了他的正常学习、人际交往和生活，过去的方式已无法应对当前的困境。因此，辅导员需要理解他想要保护父母的心情，在欣赏他的基础上引导他适当转变认知，让他了解人生不可能一帆风顺，有起伏是很正常的。起伏会带来情绪的变化，一味报喜不报忧、无论遇到什么事情都自我消化是非常困难的。如果不能及时自我排解，消极情绪会逐渐积累，最终爆发，这是我们和父母都不希望看到的结果。当遇到难以独自应对的问题时，每个人都有"脆弱"的权利。学校会协同家庭提供尽可能的支持。此外，要引导学生认识到他的存在本身就是对父母最大的慰藉。大多数家长能够接受孩子有局限、会遇到低谷。如果孩子累了、病了，他们希望能够成为孩子坚强的后盾。在学生心中，或许也渴望得到父母的理解和支持，期待着父母的接纳和允许。

二、推进家校医联动，提供经济与心理双重支持

面对学生当前的心理问题和具体困境，辅导员需要启动家校医联动机制。要关心学生的现实压力，了解具体诊断信息和问题严重程度，评估他的现实状况能否支持他继续在校学习，并提供相应的支持。同时，需要深入了解学生的家庭情况和父母的具体现状，以便更妥善地进行沟通。辅导员要与学生共同讨论如何与家人沟通以及联系谁更合适，并向学生说明联系家人的必要性以及自己会讲究分寸，让学生放心。

很多家庭经济困难生非常优秀且有担当，但他们可能更加敏感，不愿意给别人添麻烦。学院可以协助解决他们面临的实际困难，例如，向学生普及看病吃药相关花费的报销方式；关心学生父亲的身体状况和家庭情况，如果确实存在困难，可通过相关政策或途径提供支持；支持学生通过助学政策等缓解家庭经济压力；通过学业帮扶为学生提供学业支持。

此外，我们对家庭经济困难大学生的支持应从单向的经济支持升级为经济与心理的双向支持，除了物质上的关心外，还需在精神层面给予关怀。通过增加外界的情感支持、鼓励参与集体活动、促进家庭教养方式的调整等途径来增强大学生的心理弹性。必要时可寻求学校心理老师的支持，也可邀请他们参与针对家庭经济困难生的心理赋能团体辅导，共同促进学生的心理恢复和自我认知的调整。

三、引导父母接纳与允许，促进亲子沟通

在如此艰难的家庭环境下养育两个孩子的父母必然充满着坚韧的力量。一些懂事的孩子容易将父母想象得很脆弱，但实际上很多父母在生活历练中逐渐积累了应对困境的经验和心理弹性，不一定无法承受孩子的现状。而如果孩子始终表现得坚强、独立、懂事，父母可能会忘记他也是一个孩子，也有脆弱的一面。

辅导员可以与家长沟通学生的近况以及他对父母的保护和爱意，让家长看到他们的孩子是多么优秀——他的善良、正直、感恩之心、勤勉和勇敢都离不开父母的言传身教和用心养育。忙碌的父母往往更关注孩子的日常生活和学业表现，而忽视了孩子的内心世界，这可能导致孩子产生"如果我不优秀就无法被爱"和"父母会感到失望"的错觉。然而与孩子是否"优秀"相比，他们可能更希望孩子能够健康成长。家长和学生可能都在用自己的方式表达着对对方的爱，但缺乏沟通会导致情感流动受阻，容易产生误解。辅导员可以引导家长在了解学生状况的同时给予孩子更多心理上的关心和支持、肯定与欣赏，通过交流来理解彼此的真实需求和期待。

此外，父母养育两个子女成人实属不易。在照顾孩子的同时，也要引导他们照顾好自己，并且让他们知道学校和学院老师会协同支持学生度过低谷，如果需要协助可以与辅导员沟通。

父母是学生永远的支持者，而很多大学生也是父母有力的支撑。辅导员应看到那些想要保护父母的孩子背后的努力和担当，并引导他们照顾好自己。在需要的时刻成为一个被保护、被支持的人，感受那份坚定被爱的温柔。

第十一章 成为家长朋友的同行者

在家校协同的过程中,家长可能会产生许多误解和困惑。辅导员需要成为家长朋友的同行者,引导他们获得新的理解和认知,助力学生走出低谷,迈向未来。

51 我的孩子没有"病"

漂流瓶:

　　一位学生最近表现出明显的情绪问题和自伤现象,尽管咨询师和我都建议他就医,但他依然不愿接受。在和其家长沟通的过程中,家长坚持说学生没有问题,回家休息一下就好了,不需要就医;如果必须就医的话,由他们带学生回家就医。经过商议,家长把学生带回家就医、休养。沟通的时候,家长表示学生已经看过医生,没有大问题,在家休息一阵即可,拒绝提供就医诊断报告。我很担心,不清楚学生到底是什么情况,担心他没有得到及时有效的诊治,却又很难得到家长的配合。

——辅导员:小桥流水

小港的回复

小桥流水老师:

　　您好!感谢您的来信。我非常理解您的担忧,学生目前的情况已经发出了明显的危险信号,亟需专业的诊疗。我明白您很想帮助学生,但是学生和家长似乎都排斥求医,的确让人着急。面对这样的情况,我们可以如何应对呢?

一、理解家长对"心理疾病"的排斥心理

对于部分家长而言，接受孩子"心理生病"的事实颇具挑战性。

首先，家长可能对心理疾病存在误解，相较于躯体疾病，心理疾病更易遭受社会的偏见。此外，心理疾病的诊断无法像体温计测量体温那样有客观明确的指标，难以直观判断。再者，多数人未亲身经历过严重的心理疾病，因此难以感同身受。若孩子长期情绪低落，家长可能将其归咎于意志薄弱或思虑过多，甚至认为是无所事事所致。接受孩子"心理生病"对家长而言是一门新课题，需要时间去学习和消化。

其次，家长可能难以接受自己引以为豪的孩子"出了问题"，因此倾向于相信孩子只是暂时状态不佳，而非真正患病。孩子的心理疾病就像一记重锤，打破了家庭的"正常秩序"，容易引发父母的挫败感和无力感。家长不愿承认孩子生病，可能是对"错误"和"不够完美"的逃避。殊不知，许多孩子的心理问题恰恰源于自我接纳的困难，认为自己不够优秀、不够完美。此外，部分心理问题严重的学生往往缺乏家庭情感支持，与父母沟通不畅，导致家长对孩子的问题了解不足，因此孩子生病的消息对家长而言可能非常突然，需要时间来接受和消化这一事实。

最后，家长还可能从现实角度出发，担心"心理疾病"的标签会对孩子产生污名化影响，甚至担心孩子的就医诊断是否会被记入档案，学院老师对学生的印象是否会因此受损，进而影响孩子的升学和就业等，因此不愿将孩子的真实情况告知辅导员，以为这样能更好地保护孩子。然而，这实际上是一种误解。

二、展现我们的诚意与初心

面对拒绝就医的家长，辅导员要展现充分的耐心与责任心，首要任务是赢得家长的信任与合作。必要时可寻求心理中心老师的支持，共同引导家长客观看待心理问题。父母的观念对孩子的影响深远，当父母能真正接

纳孩子"心理生病"的事实时，孩子才能更好地自我疗愈。

家长对辅导员的排斥可能源于内心的恐惧与无助。在沟通中，辅导员需要让家长知晓，我们的初衷是为了学生的利益着想，希望帮助他们尽快康复，而非给他们贴上"有病"的标签，更不会因此减少对他们的关怀。许多"心理生病"的学生在辅导员、家长和学校的共同努力下走向了美好的未来。相信家校同心的合力能够创造成长的沃土，让学生受伤的心得以栖息。当家长感受到我们的真诚与用心时，便会逐渐放下戒备，与我们并肩作战。

此外，还需引导家长消除顾虑，明确告知他们学生的就医诊断不会被记入档案；学校正积极开展心理科普教育，提升教师的心理工作能力，并将心理健康教育纳入课程体系；学校的心理咨询服务深受师生欢迎……大家都能以平常心看待"心理生病"，孩子不会遭受异样眼光或不公平待遇。

部分学生的心理异常并非始于大学，而是早有端倪。或许当时症状较轻或未引起足够重视，随着环境变化和压力减轻，症状可能有所缓解，但并未真正康复。当再次面临压力时，疾病可能复发甚至加剧。我们需让家长明白，回避无法真正解决问题，疾病背后必有原因。我们鼓励学生咨询和就医，并非为了证明他们"心理有问题"，而是为了找到问题的根源，结合心理治疗和家校支持，帮助他们摆脱心理疾病的困扰。辅导员只有了解学生的真实情况后，才能为他们提供更多支持和资源，规划合理的学习安排和节奏，为他们的康复注入信心。学院和辅导员将根据学生情况严格保密病史信息，并制定个性化的支持方案，必要时与学校心理中心或医院联动，提供更全面有效的支持。

三、引导家长接纳孩子的"心理疾病"

我们可以引导家长认识到"心理疾病"并不可怕，只是心灵需要治疗、调整和关爱。家长若能接纳孩子的疾病，给予他们支持和关怀，接纳完整的他们而非仅接受他们"优秀"的一面，透过疾病的表象欣赏他们的闪光点，孩子们便能感受到即使生病也依然被爱，从而看到自己的价值，卸下心理负担。此外，"心理生病"也是一个很好的提醒，让我们可以借此机会倾听孩子的心声、了解孩子的需求、理解孩子的痛楚。同时，我们可以引导家长适当调整教育方式和理念，营造更加和谐的家庭氛围，让爱更贴近孩子的心。

此外，我们还可以向家长介绍学校为家长提供的心理支持资源，如讲座、沙龙和个体辅导等，鼓励家长根据需要参与。同时，让家长知道学院和辅导员也将提供相应支持，共同陪伴学生渡过难关，给予家长信心。

四、引导家长支持学生就医

在专业治疗方面，同样需要家长的支持。我们可以引导家长选择正规医院并陪同孩子就医，若孩子需要药物治疗，家长在必要时需监督其按时、按量服药。心理治疗是一个长期过程，坚持治疗往往能取得良好效果，家长和辅导员需共同鼓励孩子完成治疗。若孩子有自残或自杀念头，需密切关注其动态，必要时避免其独处，并收起家中的药物、尖锐物品等危险物品，为孩子设置24小时紧急联系人。

若经过上述沟通，家长仍不愿积极支持孩子就医，我们可从管理层面出发，依据学校及学院的相关规定，要求家长提供孩子的就诊材料，并根据学生在校的具体表现，建议其前往指定医院或具有相应资质的医疗机构就诊及治疗。从情感和制度两个层面出发，温和而坚定地表达期望孩子得到专业诊断和治疗支持的意愿。

心理疾病并不可怕，但需要正确认知、积极面对以及家校医的共同努力。辅导员在促进家长认知改变方面发挥着重要作用，唯有家长能科学看待、正视心理问题，孩子才能抓住最佳治疗时机，获得更好的疗愈。

——小港

52 不希望我的孩子服药

漂流瓶：

一名学生已去医院治疗一段时间，被诊断为重度抑郁，医生开具了药物，并要求按时服用，每两周复诊。但我在和他的沟通中发现，学生并未按医嘱服药，并且了解到家长自己考了心理咨询师证书，认为可以帮助孩子康复。然而，学生的状态并未好转，反而有恶化趋势。学生表示，家人担心药物有副作用，还可能造成药物依赖，因此不让他服药，希望通过自行调整来恢复。我很担心这样会耽误治疗，该如何与家长沟通呢？

——辅导员：Lucky

小港的回复

Lucky 老师：

您好！感谢您的来信。在工作中，我们常会遇到家长或学生对心理疾病存在"讳疾忌医"的情况，尤其对心理药物有很大的抵触心理。他们可能因担心副作用而放弃药物治疗，不再去医院复诊。也有学生在服药后感到不适，便坚信药物副作用大，于是自行停药，导致治疗有始无终。如您所担忧的，这些情况很容易使学生错过最佳的治疗时机，导致病情难以好转。

家长获得心理咨询师证书确实值得肯定，但面对孩子的心理疾病，我们需明确心理咨询师与心理医生的职能区别。根据精神卫生法规定，心理咨询师没有诊断权和处方权。此外，在进行心理问题的咨询时，应避免"双重关系"的存在，家人之间往往难以进行真正客观的心理咨询。同时，学生出现严重的心理问题，往往与其家庭有着千丝万缕的联系。因此，我们建议让专业的心理咨询师和心理医生共同参与孩子的心理康复过程。

那么，我们该如何与家长沟通呢？

一、澄清有关药物的常见困惑

许多学生和家长因对药物存在误解而擅自停药，这对治疗恢复非常不利。为更好地解释这个问题，我们可以借鉴江苏省人民医院王昊飞医生的观点，向家长澄清以下常见困惑。

1. 为什么要吃药？

很多人会觉得困惑，心理问题为什么还要吃药？对用药的恐惧往往源于未知。人类的心理活动除受外界环境影响外，还受脑内神经递质变化的影响。科学家已发现多巴胺、去甲肾上腺素、五羟色胺与情绪密切相关。当神经递质发生变化时，大脑会产生相应的情绪变化或异常，导致抑郁症等精神类疾病。药物通过调节神经递质在神经突触间隙的含量来影响和改变情绪，这是用药的原理。因此，精神心理科不仅有谈话治疗，还有药物治疗。

2. 心理疾病吃药需要多久？

通常而言，抗抑郁药物需要大约两到四周的时间才能逐渐显现效果。在用药的前两周内，可能并不会产生显著的效果，因此，不会出现服药后几天内抑郁情绪就迅速康复的情况。因此，若在吃药第一周就停药，将是一大损失，因为药物尚未起效而副作用已显现，没有起到治疗的效果。因此，至少需服药两到四周观察效果，并在此期间复诊与医生反馈讨论。大多数人在服药两三个月后病情会有所好转，但此时仍需避免擅自停药，应结合心理治疗以实现临床治愈并巩固疗效。巩固期结束后，医生会逐步减少药量。多数药物的减量需持续且缓慢进行，科学的减量方案需与医生详细沟通确定。医生会根据临床评估对用药进行调整，每个人的具体情况不同，方案也不同。擅自停药或减少药量可能导致症状反复，增加治疗难度。

3. 药物是否有副作用？是否成瘾？

在医生的指导下，药物的副作用是可控可防的。在抑郁和焦虑的治疗上，抗抑郁和抗焦虑药物没有严重的副作用。常见的副作用如嗜睡、恶心、反胃等，会随着用药时间的延长而减轻。一般在用药第一周可能出现较明显的副作用反应，到第二周基本消失。医生会在治疗期间帮助病人监测并控制副作用的发生，同时尽量采用副作用较少的药物，并根据病人情况随时调整用量。此外，抗抑郁抗焦虑药物不会上瘾。这些药物是帮助调整和恢复大脑神经递质浓度的，当恢复成功时，病人的情绪就会恢复正常。然而，调整过程需要时间，如果在神经递质浓度尚未完全恢复的情况下停止用药，病症仍有可能再次显现，这并非药物成瘾所致。

总之，我们应当信任医生的专业判断，严格遵循医嘱，避免自行上网寻求非专业治疗或擅自中断用药，这样才能确保达到最佳的治愈效果。

二、引导家长放下病耻感，寻求专业支持

一些学生和家长难以接受服用药物是病耻感在作祟。病耻感是精神疾病患者的一种负面情绪体验，往往伴随自我污名化，对康复产生不利影响。有人认为吃药就说明"有病，心理有问题"，不吃则说明"问题不严重"，这是一种不合理认知，吃药与否并不是判定心理是否健康的标准。辅导员应当积极帮助家长调整认知偏差，使他们认识到因病耻感而错过最佳治疗时机的不良后果。自我调节在某些情况下可行，但对于重度抑郁患者来说，并不能从根本上解决问题，反而可能因过程中产生的焦虑等负面情绪而加重病情。因此，我们需主动面对心理问题，寻求专业治疗。世上

没有绝对心理健康的人，能够了解自己、面对自己、解决问题就是健康的表现。

三、科普心理治疗相关知识

辅导员还可以向学生和家长科普的是，除药物治疗外，心理治疗也是一种重要的方式。对于轻度抑郁患者而言，心理咨询、心理治疗是首选；对于中重度抑郁患者，药物联合心理治疗可以增强效果。学校心理中心可以提供专业的心理咨询，且对在校学生免费开放。此外，心理中心也提供定期的心理医生问诊服务，方便学生与医生沟通。需要注意的是，无论是心理咨询还是心理治疗，都不会有立竿见影的效果。治疗是一个逐步累积效果的过程，不可能一蹴而就。这个过程就像健身一样，要达到身体健康的目的就需要不断锻炼。如果仅锻炼两三天很难达到效果，而是需要一定时间的坚持。心理治疗通常需要多次就医，并需要父母的鼓励与陪伴。在必要时，还需协助学生按时按处方用药，严肃对待药物使用。遇事多与医生沟通，避免擅自停药。

如果经过辅导员的沟通，学生或家长仍无法放下对药物的担心，可以联系心理中心，请专业的心理老师和心理医生与他们沟通，以打消顾虑。

面对心理疾病，需要家长、学校、医院三方的通力合作，共同为学生提供更好的支持和资源。辅导员作为连接各方的桥梁，在促进学生的治疗和康复中发挥着重要作用。引导学生和家长以平常心看待药物，方能助力学生走出阴霾。

——小港

53 不同意我的孩子休学或退学

漂流瓶：

  一位学生近期遭遇严重的情绪困扰，难以继续学业。经医院诊断及全面评估后，学校建议其暂时休学进行调整。学生本人也倾向于休学，因为以往勉强支撑的经验告诉她，持续下去只会让状态进一步恶化。然而，这一决定却遭到了学生父母的反对。学生自幼成绩出众，从未让家人失望，家长认为她只是暂时遇到难关，不应产生逃避心理。毕竟，人人都有情绪低落的时候，怎能因此就放弃学业或工作呢？他们希望她能坚持下去，咬咬牙就能挺过去。面对这样的情况，我该如何更有效地与家长沟通呢？

——辅导员：大白

小港的回复

大白老师：

  您好！感谢您的来信。我们在工作中常会遇到这样的情况，面对学生不良的情绪状态和学业状态，家长希望孩子能够再坚持一下挺过去，而学生其实已经精疲力尽无法硬撑，这时候辅导员与家长的沟通就显得尤为重要。面对这样的情况，我有几点建议与您分享。

一、理解家长反对休学的原因

首先，我们需要了解和理解父母可能的担心与无措。看着其他同学都在进步，家长自然不愿自己的孩子脱离群体，独自在家，更担心休学会影响孩子的未来。同时，家长可能对心理疾病缺乏科学认识，误以为是孩子意志薄弱才无法应对眼前的状况。此外，家长还可能担心外界的眼光和议论，以及孩子休学在家的实际安排。更重要的是，对于一直听到好消息的家长来说，孩子从优秀到需要休学的转变难以接受。同时，随着孩子进入大学，亲子沟通可能减少，家长对孩子内心的了解可能并不充分，因此对孩子突然的情绪问题和休学决定感到惊讶和无措。

理解这些原因有助于我们更好地共情家长，帮助他们减轻负担，消除困惑。

二、引导家长认识休学的意义

面对家长对休学的抵触，辅导员在表达理解后，需根据具体情况进行澄清。若家长对心理疾病有误解，可引导其了解心理疾病的严重性，以及它对孩子学习和生活的影响。必要时，可寻求心理中心老师的支持和协助。

同时，辅导员需帮助家长正视休学，让其明白休学并非失败，而是孩子成长过程中的一次挑战，在休学的过程中，孩子可以疗愈自我，重整自我。适当的休息并非停滞，而是为了未来的更快发展。孩子已有勉强支撑无效的经验，若一味强求，不仅不利于状态恢复，还可能因成绩不佳而更加受挫。辅导员可与家长探讨休学的利弊，让其了解如果休学对孩子来说意味着什么，如果不休学，孩子需要面对什么，从而做出更清晰的判断。

在沟通过程中，需保持真诚和用心，让家长感受到学校与家长的目标一致，即将学生的福祉放在首位，避免让家长产生学校推卸责任的误解。

三、增强家长对学生情况的理解

家长可能对学生的情绪状态和心路历程了解不足，辅导员可协助家长了解学生的真实情况和感受，包括学校表现、自我期待以及已付出的努力等。这有助于填补家长的信息差，让其更好地接受和消化这一"意外事件"，看到孩子做得好的地方和所面临的困难。

情绪问题严重的孩子往往与家庭关系有关。当家长意识到自己对孩子的关注不足或存在不当之处时，可能会产生内疚感。辅导员在提出建议时，应避免指责，共情家长的不易，给予积极反馈和赋能，促进亲子间的相互理解和积极改变。

四、提供休学指导和专业支持

针对家长的担忧，辅导员可分享类似情况的积极恢复案例，增强其信心，并消除对休学的羞耻感。同时，可与家长和学生分享休学后的注意事项，也可以邀请心理中心老师进行沟通。对于心理原因导致的休学，建议跟进心理咨询和治疗。休学只是症状带来的应对方式，关键在于重视问题、理清症状背后的原因并积极调整。如有需要，可预约心理中心的家庭咨询，从家庭系统角度作出改变。

必要时，可组织"家-校-院"三方会谈，邀请心理健康教育中心老师从专业角度与家长沟通学生的心理状态。辅导员或学院领导可根据学生的心理问题诊断结果、学业与生活表现等，从学校制度角度说明休学规定，共同商讨应对方案和其他替代方案。也可视情况邀请相关人员参与，提供更全面的支持。

不仅学生可能对休学感到忧虑，家长心中也同样有一道坎。我们需要理解家长的茫然和失落，让他们看到更真实的学生，理解个人发展的曲折和可能遇到的挫折，明白这是另一种宝贵的成长，也燃起面向未来的希望。

——小港

如何度过休整时光,安稳复学

漂流瓶:

　　临近期末阶段,一位同学的状态非常糟糕,出现较为严重的抑郁和焦虑情绪,以至于难以继续完成学业和考试。学院和家长沟通后,决定先让学生请假回家调整状态,并办理缓考手续。父母愁眉不展,顾虑学生回家之后虽然暂时逃避了眼前的困难,但是早晚都要面对,不知道需要做一些什么可以帮助他好起来。作为辅导员,我该如何帮助他们呢?

——辅导员:小小冰

小港的回复

小小冰老师:

　　您好!感谢您的来信。学生请假或休学往往是无奈之举,学生和家长多半不清晰该如何应对。请假只是第一步,更重要的是如何利用这段休整时间,帮助孩子恢复状态,以便他们重返校园后能更好地适应学业和生活。因此,辅导员除了与学生、家长共同商议回家休整的决定,并协助办理相关手续外,还需指导他们如何有效度过这段休整期,为学生的身心调整和复学做好准备(休学情况同样适用)。

一、引导家长放下焦虑，正视休整价值

孩子请长假或休学对许多家长来说是一大挑战，尤其是那些一直视孩子为骄傲的家长。他们不仅要面对外界的眼光，还要承受内心的冲击。家长普遍希望孩子能尽快回归校园，跟上学习进度，这种心情可以理解，但过于急切的状态会营造出一种紧张的氛围，即使不言说，孩子也能敏锐地感受到这种压力。另外，有些家长担心这段时间的空缺会给孩子带来不可逆转的负面影响，因此希望孩子在家也毫不松懈，把时间充分利用起来进行自学或补课。然而，这违背了休整的本意，反而会增加孩子的压力。

我们引导家长调整认知，认识到这段休整时光并非一种浪费，而是对孩子的身心恢复有着至关重要的作用。就像身体需要休息和调养来恢复健康一样，心理状态的调整也需要时间。在休整期间，家长应减少对学业的过度关注，多关心孩子的状态，探寻问题背后的动因，并进行自我和家庭调整。要让家长明白，短暂的"落后"并不会造成灾难性后果，而这段休整时光可能具有比学业更重要的意义。

此外，我们需要引导家长放平心态，调节好自身情绪。家长唯有先把自己的情绪稳定下来，放下过度的焦虑，才能给"生病"的孩子以支持和鼓励。当家长能够正视休整，把它视为人生中一段平凡的旅行，并与孩子坦诚沟通，关注他们的内心需求时，孩子才能在温馨、轻松的环境中逐渐调整状态。

二、积极沟通探寻成因，实现家校医联动

辅导员应积极与学生和家长沟通，共同探寻问题的根源，并采取相应措施。一方面，要与学生深入交流，了解他们的内心世界，找出问题的症结所在，并提供必要的支持，如学业辅导、人际交往指导以及家庭协同等。如果学生出现情绪问题或心理异常，应及时寻求学校心理中心的帮助，获取专业反馈和指导。

另一方面，学生的问题可能与家庭环境有关。休整不仅是学生个体的休息与调整，更是整个家庭氛围与关系的重塑。有的学生回家休整之后情况并未真正好转，只是暂时远离了学业竞争和压力环境，看似情绪有所放松，实则治标不治本。一旦回到熟悉的场景中，问题可能会重新出现，甚至有学生在回家之后情绪问题反而更加严重。因此，我们需要与家庭紧密合作，探寻家庭中可能存在的问题，必要时邀请心理中心老师参与，或预约心理中心的家庭咨询，引导家长进行相应调整，通过家校共同努力帮助学生恢复健康。

同时，要向学生及家长强调积极治疗的重要性，鼓励学生在休整期间接受正规的心理治疗，遵医嘱按时服药和复诊。很多学生因擅自停药或中断治疗而导致病情反复或恶化，因此家长应支持孩子坚持专业治疗。如有对药物等方面的疑虑，可与心理医生及时沟通（心理中心定期有心理医生坐诊）。必要时可寻求心理咨询资源，或联系学校心理中心提供心理辅导与支持。

值得注意的是，在沟通中我们需要站在中立的角度，切勿站在学生一边对家长抱有指责，在理解学生的同时，也要理解家长的用心。要做好学生和家长之间的桥梁，促进他们相互理解、良性互动。

三、助力学生身心调整，为返校做好准备

在休整期间，家长应引导孩子进行身心调整，如制订合理的生活饮食计划，陪同孩子进行体育锻炼和健身活动，关注他们的生活状态和情绪变化。

此外，许多学生回家后感到孤独，担心被班级"边缘化"，复学后难以融入集体。因此，家长应鼓励孩子在休整期间保持与外界的联系，根据自身情况适当与同学、老师保持沟通，与朋友互动交流，以增加人际支持。在学习方面，如果状态允许，孩子可自学或与学院老师联系寻求指导和支持，提升学习能力、优化学习方法、实现学习目标。

在休整期间，辅导员也应适当与学生保持联系，关心他们的恢复情况；并根据需要与家长沟通，提供力所能及的支持，共同跟进学生的康复进程。要积极促进学校与家庭的协同与联动，帮助学生适应可能面临的新环境。在鼓励学生做好返校准备的同时，要避免操之过急，以免仓促返校成为学生新的压力源。

同时，辅导员和家长可以鼓励孩子积极看待休整期，告诉他们：在人生的长河中，短暂的休整只是一段小插曲，并不会带来不可弥补的影响，但这段静下来的时光可以让我们更好地思考自我、探索内心，从而更好地前行。

如有相关机制，可组织包括学院分管学生工作的领导、辅导员、班主任、心理健康教育中心老师、家长及学生等在内的多方会商，从不同角度深入沟通，为家长提供指导，共同商讨如何支持学生长假/休学过程中的调整与恢复，并形成家长告知书。

休整不是远离和逃避，也不是停止和放弃，而是一个新的开始，让孩子重新找回自己、燃起希望、建立信心，这需要家校共同的接纳、理解和支持。辅导员可以用行动让家长知道，我们会和家长积极联动，共同陪伴学生走出低谷，支持他走向更好的未来。

——小港

55 我的"好孩子"被学校"搞坏了"

漂流瓶：

  一名学生期中考试成绩不太理想，原本热衷学生工作的她已经好几周没有参与学生会的会议了。我在和她的沟通中了解到她的心理压力非常大，课业难以继续。我希望通过家校联动帮助她渡过难关，没想到家长非常气愤，家长表示自己就是中学老师，一直对女儿精心管教，女儿从小学业优异、全面发展、乐于助人，怎么到大学就变成这个样子了呢？女儿是不是在学校遭遇了什么？我不知道如何更好地与家长沟通。

——辅导员：WXY

小港的回复

WXY 老师：

  您好！感谢您的来信。我非常理解您的委屈与无奈。曾经优秀的学生进入大学后，确实会面临新的挑战，甚至可能出现一些"意想不到"的问题。这些问题虽在大学阶段显现，但其根源或许早已埋下，当遇到现实挑战或情绪积累到一定程度时，问题便容易爆发。面对家长的愤怒与指责，辅导员应如何与家长有效沟通呢？

一、共情家长情绪，缓解对立关系

面对家长的愤怒，我们首先要进行换位思考，理解家长的想法，共情他们的情绪。家长的反应可能源于两方面：一方面，许多家长习惯以成绩来衡量孩子的优劣，难以接受孩子"不优秀"的事实；另一方面，学生与家长之间的沟通可能不足，孩子因担心父母的指责与失望，难以坦诚内心的无力感。因此，一些家长并不了解孩子的真实状况，仍停留在"我的孩子很优秀"的错觉中，无法理解孩子的突然变化。

在这位家长眼中，孩子一直是"别人家的孩子"，当得知孩子的实际情况与预期大相径庭时，其难以接受与焦虑情绪是可以理解的。此时，辅导员和学校容易成为家长情绪的宣泄口，他们可能将问题归咎于学校，以减轻内心的负担。

如果我们能看到家长愤怒背后的伤痛，就能多一些理解与耐心。在稳定自己情绪的基础上，与家长共情，作为旁观者客观审视问题的同时，也从父母的角度思考。我们能看到家长的付出，但不一定认同他们的观点；我们能理解他们的情绪，但无须接受他们的指责。与家长形成同盟而非对立关系，问题才能更好地得到解决。

二、与家长建立联系，了解学生真实情况

为避免家长产生"没事不出现，出现没好事"的印象，建议辅导员通过举办家长会，分享家长讲座、家长沙龙等相关家长支持信息，进行一对一沟通等方式，与家长建立连接。让家长感受到学校和学院对学生的关心与支持，为建立良好的关系打下基础。

必要时，与家长沟通学生的实际情况，让他们心中有数。在与家长的沟通中，我们可以先与家长分享学生身上的优点与长处、努力与进步等，肯定家长的用心栽培。此外，与家长分享自己对学生的观察与了解、对问题的思考及应对措施。让家长看到辅导员对学生的关心与关照，感受到自

己的孩子在辅导员这里受到重视。同时，可以指出优秀的学生也会遇到困难，需要共同寻找原因并协同解决，从而获得家长的支持。我们对学生内心的了解可以为家长提供有益的提醒与信息补充，让他们看到亲子沟通中可能存在的问题，并给予他们思考与调整的空间。

三、引导家长认识问题根源，寻求改变

面对家长的质疑，我们需与家长共同探讨学生出现当前状况的原因。了解学生在生活环境、学习方式、课业内容、人际关系等方面的适应情况，以及是否遇到特殊事件。此外，东大学生面临不小的学业压力与"内卷"的竞争环境，与更优秀的同学相比，他们的自信心容易受挫，产生无力感。越优秀的学生对自己的要求越高，也越容易受挫。当个人能力不足以支撑所谓的"优秀表现"时，力气消耗殆尽，"补给"又不充足，问题便容易爆发。

我们可以引导家长了解学生可能的感受，同时了解家长的教育理念与对学生的期待。这位家长作为中学老师，因为见过很多优秀学生，可能对孩子有更高的要求，这可能给孩子带来压力。同时，这位家长可能认为严格管理是对孩子负责的方式，而大学生更渴望被信任与平等对待，需要培养独立处理事务的能力。我们可以与家长沟通大学生的心理特点，引导他们给孩子更多的尊重与空间，关注孩子的内心想法与需求，对孩子抱有合理的期待。同时，也可以了解父母中另一方的教育观念，共同为孩子提供支持。

此外，要让家长明白，并非每个学生都能平稳度过适应期，也并非每个学生都能一直保持优秀。用外在的评价和标准给孩子贴上"优秀"的标签，很容易让孩子在评价和标准中迷失。无论是"学业优异"还是"遇到困难"，都是学生不同阶段、不同时期的状态，并不影响他们本身的价值。让家长意识到，他们的好孩子并没有"坏"，只是暂时遇到了困难。眼下的状况既是挑战也是机遇，关键在于我们如何应对。让家长从内心真正接

纳孩子的现状，看到孩子的价值，才能转"危"为"机"，助力孩子取得更大的进步与发展。

面对家长的情绪化反应，辅导员当稳定自身，带着理解引导学生和家长直面问题，并给予相关的指导，从而让家长切实感受到学校的支持与力量，帮助学生以全新的姿态面对未来的自我与人生。

——小港

第十二章 爱人爱己，助人自助

辅导员不仅是一名老师，也可能是一位爱人，一位家长。在处理学生家庭问题的同时，也需要守护好自己的家庭。辅导员是守护者，同时也是需要被守护的人。

56 辅导员的身心自我关怀

漂流瓶：

  今年是我担任辅导员的第一年。最近临近期末，事情一桩接一桩，头绪繁多，总感觉时间不够用。每天都很忙碌，但回想起来却不知道忙了些什么。下班后感到异常疲惫，连话都不想多说，只想躺着刷手机，再也找不到之前的快乐。虽然选择当辅导员是我自己的决定，我也很享受和学生在一起的时光，但真的感觉好累。

——辅导员：蜡笔小新

小港的回复

蜡笔小新老师：

  您好！读了您的来信，我深感共鸣，想给您一个温暖的拥抱。一线辅导员的工作确实异常艰辛，尤其是对于新手辅导员来说，需要经历一个适应过程。在多重角色的压力下，您一边参加各种培训以提升专业技能和素养，一边处理烦琐的日常事务，同时还要解决学生的各种困难和诉求，这无疑是一项巨大的挑战。

  像您一样，许多辅导员选择这个职业都是出于对学生的热爱。在与学生相处的日日夜夜里，我们不仅需要付出时间、脑力和体力，更需要倾注温情、关怀和爱。然而，面对重重工作压力，即使是经验丰富的辅导员也难免会感到疲倦和能量耗竭。您所体验到的累，不仅仅是身体上的疲惫和头脑上的紧绷，更是心力和精神消耗带来的乏力。这种情况在新手辅导员中尤为常见，也是许多辅导员曾经历过的阶段。

请给自己一些欣赏和鼓励，看看自己在这一年里的成长和突破。同时，当身体和情绪发出警报时，我们需要及时关注并调整自己。以下是一些小建议，希望能帮助您关爱自己，同时也可以为学生带来示范。

一、绘制"我的时间馅饼"

您提到工作头绪很多，时间不够用，感觉自己一直在忙碌，但回想起来却不清楚具体做了哪些有意义的事情。我建议您尝试绘制时间馅饼，将自己的时间安排进行梳理，这样可以帮助您更清晰地了解时间的去向。

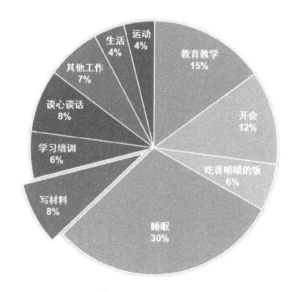

辅导员"我的时间馅饼"图例

在辅导员培训和活动中，我们曾带领许多辅导员老师绘制过时间馅饼。通过这一过程，许多老师都惊讶地发现，一些看似微不足道的事情竟然占据了自己大量的时间，而原本认为很重要的部分却并未得到足够的重视。在思考过后，您可以根据绘制的时间馅饼图对自己的时间安排做出调整,重新规划一个更加合理且可实现的时间分配方案,并且思考第一步可以从哪里开始调整。

如果事务繁多难以理清头绪,您还可以借助美国管理学家科维提出的时间管理四象限法来区分任务的紧急性和重要性,从而合理安排工作、生活、学习、休闲、娱乐和休息等各个方面。当我们把事情的轻重缓急整理清楚,明白如何协调时间来让生活更加有序时,焦虑感和迷茫无措感就会大大减少。

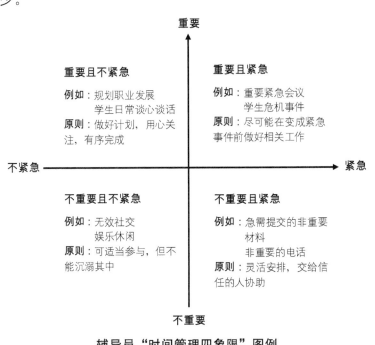

辅导员"时间管理四象限"图例

在安排时间时,别忘了每天给自己留一些放松的时间。这段时间完全属于您自己,可以用来做自己喜欢的事情,比如发呆、撸猫、看漫画或刷手机等,这是对您辛苦工作一天的最好犒劳。

二、关爱自己的身体

虽然辅导员经常提醒学生关爱身体,但往往却忽略了自己。工作忙碌时,我们可能需要跟着学生的节奏早起看跑操、检查早课情况等,也会遇到紧急事件需要熬夜处理，因此要注意自己的作息时间，尽量保证足够的睡眠。

辅导员老师还需要经常与学生交流和开会，这些工作往往需要安排在学生没有课的时间进行，因此经常会占用中午和晚上。又因为其他紧凑的工作安排，经常不能按时吃饭。我建议您可以在办公室常备一些零食，以备不时之需。在饥饿时垫一下肚子，不要饿着肚子工作哦！

运动的好处无需多言，它不仅有益于身体健康，还能帮助我们保持良好的情绪状态。学校提供了丰富的场地资源，如跑步、游泳、打球等。您也可以加入学生的运动队伍中，在锻炼身体的同时与年轻的灵魂交流互动，拉近与同学们的距离。

三、记得给自己充电

没有人是永动机，我们在消耗能量的同时，也需要不断给自己充电。一方面，您可以空出一些自我学习的时间。这并不是指在原本已经忙碌的基础上增加负担，其实很多时候的疲惫来自忙碌而无为的迷茫，当我们能感受到正向的反馈和积极的获得时，就会有另一种喜悦。在事务性工作之余，如果能找到一个自己感兴趣的专长并不断成长和进步，将是一件非常令人激动的事情。慢慢成长为一个有专攻、有特色的辅导员会让您对未来充满信心和期待，也会不断为您赋能。

此外，对于住在学校的新手辅导员来说，每周可以抽出一小段时间离开熟悉的工作环境，去体验一些不一样的空气和风景。做一些自己喜欢的、能增加幸福感的事情，比如亲近大自然、参观博物馆或画展、听音乐会或演唱会、品尝美食等。暂时忘记自己是个辅导员，享受美好时光，放松身心。

四、关注自我情绪健康

辅导员常常面对各种压力和挑战，在处理学生问题的同时，也要时刻关注自身的情绪健康。我们要避免成为一个纯粹的情绪垃圾桶，而是要成为一个拥有自我调节功能的自我净化器。

情绪调节的方式有很多种，如运动、倾诉、宣泄、听音乐等。我相信您可以通过多种途径获取相关资源。在这里，我想向您推荐正念练习。辅导员的工作内容繁多，专注的力量尤为重要。练习正念可以帮助我们安住于当下，感受内在的平静，并提升自我觉察的能力。

此外，我还推荐"收纳疗法"。辅导员办公室的材料众多，桌面也经常堆满各种文件。这种办公环境可能会间接影响我们的办公情绪。在快节奏的工作中，我们很容易感到焦虑和压力，而收纳的过程可以帮助我们抚平内心，获得平静。我的桌面和办公室也经常堆满各种材料，但每当清洁和收纳后，我都会发现丢掉不需要的东西、留下有用的和喜欢的物品能让环境焕然一新，心情也会随之大好，物品分类摆放后也更便于后续取用。您还可以在办公桌上放一些自己喜欢的绿植、照片或小装饰等物品来增添生机和温馨氛围。当然，这一项要坚持起来并不容易，因为材料每天都在增加。但收纳的快乐却是每天都可以拥有的。

对学生的爱是我们的初心和使命，但作为一名新手辅导员，我们同样需要关爱自己，给自己调整的空间。只有照顾好自己的身体和心灵，我们才能自然发光发热，而非自我透支。这样才能更好地支持学生、服务学生。在成为辅导员之前，我们首先是我们自己。

如果以上建议还不能帮到您，我建议您可以与有经验的辅导员交流心得、向心理中心等部门寻求帮助或支持。辅导员是同学们的守护者，也是一个需要被守护的人。再过不久就是假期了，希望您能好好休整一下，重拾快乐与活力！

——小港

57 辅导员工作与家庭的平衡

漂流瓶：

　　我是一名辅导员，同时也是两个孩子的妈妈。我面临着事业与家庭之间的平衡难题。我渴望全心全意地投入工作，学生们也非常信任我，喜欢与我交流。然而，正处在职业发展关键时期的我需要更加努力，但家中的二宝还年幼，十分依赖我，晚上总要等我回家才能安心入睡。大宝也需要我辅导作业，我希望能给予他们更多的陪伴。尽管家人已经给予了我很大的支持，但在教育方式上的差异和时间分配上的困难仍然引发了不少矛盾。在工作中，我们常常引导家长多关爱学生，可当家庭与工作同时需要兼顾时，确实感到力不从心。

——辅导员：矛盾的团子

小港的回复

矛盾的团子老师：

　　您好！拥有两个可爱的孩子、一群信赖您的学生、一份值得为之奋斗的工作，还有支持您的家人，这真的很不容易。您的辛勤付出让您拥有了这看似令人羡慕的"烦恼"，我也非常能理解您内心的纠结。您当前的困境并非个例，特别是对于初为人父母的辅导员而言，多重角色的叠加使得责任和义务倍增，时常会感到心力交瘁，难以应对自如。学生和孩子都需要关爱，需要您投入时间和精力，更何况您还有两个孩子，其中一个尚且年幼，面临的挑战更为艰巨。此外，您作为辅导员一直表现出色，对自己各方面都有着高标准，家庭与工作的双重压力确实让人难以承受。那么，我们该如何更好地应对这一矛盾呢？

第一，放下完美主义的期待。

面对工作挑战与家庭责任之间的冲突，我们需要不断寻找平衡，但完美平衡往往难以实现。或许并不存在一个两全其美的支点，我们只能像跷跷板一样，在不同时期对不同方面做出适当妥协，尽力找到能够兼顾两者的平衡点。即使我们精力充沛，也难以永远保持最佳状态，毕竟一天只有24个小时。因此，我们不必苛求自己成为超人，在每个方面都追求完美。而是应根据自身情况和现实条件设定标准，接纳自己的局限性，不因无法达成的目标而自我怀疑或否定。相反，我们应珍视自己已经做到的和获得的成果，欣赏自己的坚持、努力和爱。

第二，思考如何看待工作与家庭。

每个人对工作和家庭的期望各不相同。思考自己的人生定位，是更希望在工作上有所成就，还是更希望专注于家庭。同时，考虑在当前阶段哪个方面对自己更为关键，哪个方面可以稍后再努力。理清职业发展的思路，规划好职业方向，并考虑家庭的规划和分工。根据它们在您心中的重要性进行排序，只要不过于偏颇，尽到职责，无论工作还是家庭，做好本分即可，没有好坏对错之分。您可以告诉学生，在特定时间段内您需要陪伴年幼的孩子，设定合理的边界；也可以告诉孩子，妈妈需要努力工作才能为他们购买好吃的好玩的，并且空出周末的时间陪他玩耍，希望他们能理解并尽量自己完成作业。重要的是，无论您如何选择，都要让孩子们感受到您对他们的爱，并以不同的方式表达出来。

此外，借着您的问题多做一些分享，我们可以尝试去觉察自身的行为是出于热爱还是无意识的回避。有些人过度投入工作或家庭并非出于真正的热爱，而是为了逃避在另一方面遇到的压力和挑战。不愿面对家庭中的未解问题，于是成为"工作狂"；害怕工作中的挫败，于是将家庭作为"避风港"。当我们意识到这些时，就能更好地做出调整和选择。

在人生的道路上，每个人有不同的追求。只要心中有数、坦然自洽，就能减少内耗、安然前行。

第三，提升工作效率与陪伴质量。

在工作中，学会从方法论的角度思考问题，注重提升专业能力和工作效率，合理安排时间，设立合理的工作边界。可以寻求得力的学生骨干协助完成一些事务性工作。面对学生的聊天需求，可以灵活采用小组讨论、线上交流等多种方式提高时间利用率。

在家庭中，陪伴的质量比时间的长短更为重要。建议将固定的时间段分配给特定的家庭成员，如每晚的某个时间段专门陪伴大宝或二宝，每周的某一天晚上或某个周末则是夫妻或亲子互动的时间，除非有特殊情况否则不受其他事情干扰。我们需要设立一个框架来保护家庭的时空领地，让家人感受到您的重视和用心。

第四，充分沟通、达成理解。

辅导员从家庭和系统的角度出发处理学生工作，运用家庭的力量共同支持学生。作为家庭中的一员，我们在家庭系统中拥有不可替代的位置，需要在各个角色上发挥作用，并与家人积极沟通、协同共进。

在日常相处和育儿过程中，家人之间产生分歧是很正常的。可以真诚地与家人沟通，通过语言、行动等方式表达对他们的感激之情，同时表达自己的感受和需求以获得他们对工作的理解，根据家庭情况做好分工和时间安排。在教育方式上，如果没有原则性的偏差，我们应友善沟通；如果无法改变而需要支持的话，则尊重他人的方式方法，并告诉孩子如何应对家人之间的差异。此外，要注意不将职业角色带入家庭生活。辅导员作为学生的引导者需要循循善诱、帮助他们分析利弊；而在与家人相处时则需要更多情感色彩去看待问题，平等沟通，不计较无谓的对错，甚至需要适当示弱以获得关系中的理解和支持。

如果在工作中遇到困难，也可以与信任的领导、同事沟通寻求支持、学习经验，共同协调和思考应对办法。

第五，自我照顾、自我实现。

除了工作和家庭之外，别忘了我们还有自己。如果长期透支自己去支持家人或工作，会对身心健康造成伤害。因此当感到过度劳累或电量不足时需要及时进行休整。除了时间和精力的投入需要协调外，我们的情绪状态也值得关注。对待学生需要和颜悦色、对待孩子需要温柔耐心，但一个人的承载力是有限的，也需要有自己的出口和安抚方式。因此，在日常生活中要学会调节自我状态、照顾好身体和情感需求，空出一点时间让自己从妈妈和老师的角色中抽离出来，哪怕只是半个小时，去做自己喜欢的事情或与信任的人倾诉交流，感受全然的放松。

尝试发现工作和家庭生活中的小美好。当我们在工作中体验到意义和收获时，这份喜悦会让我们以更好的状态回归家庭；而当感受到家庭的温馨和滋养时，我们也能从疲惫中自我充电、更好地投入工作。我们在工作和家庭中实现自我，它们既是促进我们成长发展的修炼场，也是给予我们无限力量的能量源；既是我们的舞台，也是我们的港湾。

我们可能会经历"手忙脚乱"的时期，家庭无法顾及周全、工作也感觉未尽善尽美。并非单纯提高效率就能解决问题，但我们已经尽力在做足够好的辅导员和足够好的妈妈，在用心过好自己的人生。

在我读中学的时候，有一位我很喜爱的老师曾与我分享她的人生追求："做好应该做的事，爱好应该爱的人。"有舍有得、耕耘收获。祝福我们都能在工作与家庭中获得滋养，在平衡与成长的过程中找到自我、接纳自我、活出自我，从而获得内在的圆满。

祝福你，了不起的老师和妈妈！

——小港

58 每个人的心中都藏着一个孩童

漂流瓶：

  我是一位流动助教，带的学生跟我差不多同龄。我很受学生的喜欢，我也觉得很有价值感，但最近发生了一件事情让我非常苦恼。在评奖的时候，有一位同学没有评上，他的学习成绩的确不错，但对学生工作和集体活动都不积极，所以综合评估下来相比另一位同学略逊一筹。没想到公示发出后学院收到了举报信，说辅导员在工作中没有做到公平公正，愧为人师。我之前也跟这位同学交流过，鼓励他除了专注学业以外，也要注重人际交往和集体活动，没想到会发生这样的事，真是感到很心寒。

——辅导员：石头

小港的回复

石头老师：

  您好！看完来信，能够感受到您的心寒和委屈。"流动助教"是由经过选拔的大四毕业生担任的辅导员，走在校园里如果不自我介绍，几乎与学生无异，但在身份和职责上经历了从学生到老师的巨变。这个转化既带来了成长的欣喜，也带来了挑战。我相信您一定经历了很多学习和磨炼，投入了很多时间和精力，才获得了同学们的喜欢，并在这份工作中体验到自我价值。

而这件事的发生仿佛一个人满怀真诚和热情走在路上，突然被浇了一盆冷水，相信您"伤得不轻"，想不通自己认真负责地完成工作，怎么就"愧为人师"了呢？这份心寒不仅在于我们的工作被质疑，更在于我们对学生的善意被误解，我们的初心没有被看见。那么，我们可以如何面对这件事情带来的心理冲击呢？

一、坎坷是成长的必经之路

年轻的辅导员虽初入职场，但业务能力并不逊色。您充满热情、积极学习、干劲十足。当然，也可能因为经验不足，在处理一些事情时或许不够周全，面对突发事件时或许不够从容。这些都是非常能够理解的。每一个人都需要有可以"不完美"的空间，所以不必对自己过于苛责，相信多数人都能看到您的付出与努力。而辅导员面对的学生基数很大，每一个学生都有自身的特点，所以我们确实难以确保每个人都能理解我们的每一项决策。无论是工作中的"疏漏"，还是他人的误解，都是成长路上不可避免的磨砺。每一位经验丰富的辅导员，都是从年轻辅导员一步步成长起来的，在挫折中积累经验，锻炼心智，从而更加成熟、更有力量。

二、看到"过激"背后的脆弱

在此事中，您已做到公平公正评选，并主动与学生沟通，鼓励其参与集体活动。因此，面对举报与攻击，我们可以坦然面对。而这位同学的愤怒，或许并非针对您的评奖工作，更多可能源于自己没有被看见、被认可的不甘和愤怒。成绩和评奖这些外在的东西是他价值的体现，一个人努力获得了优异的成绩而没有得到本以为理所应当的荣誉，内心可能是非常失落的。辅导员不经意的"忽略"可能触到了他的自尊心，于是情绪不断放大，愈演愈烈。除了对评奖过程的误解，辅导员或许成了他宣泄"失败"与"不完美"之痛的"靶子"。

如果还有一点可能的提升空间，或许在于多一些理解和沟通。辅导员不仅是对事的工作，更是对人的工作，评奖评优一方面涉及客观的评价，另一方面涉及学生的情感，除了严格按照章程把事情办好，也可以有人性化的关怀。评奖后，辅导员可以及时主动找落选的同学沟通心情，肯定他的努力，安抚他的情绪。从另一个角度来看，学生若能给予辅导员更多信任与理解，将辅导员视为同盟军，分享落选后的失落，探讨落选原因及改进空间，或许能获得更多支持。学生的行为风格我们难以掌控，但作为辅导员，我们需承担更多。在"过激"行为背后，我们不妨将其视为一个"受伤"且固执的"不会寻求支持"的孩童，其内心仍渴望被看见与理解。

三、辅导员也是普通人

事后反思并非为了指责过去，而是为了汲取经验，为未来工作提供借鉴。对于与学生年龄相仿的辅导员而言，这实属不易。辅导员虽为人师，但也是有血有肉、有局限性的普通人，同样在成长之路上摸索前行。看似"无所不能"的辅导员也有自己的脆弱，他们和每一个学生、每一个人一样，都渴望被理解、被温暖、被爱。

曾有学生说："既然他是辅导员，他就应该照顾到每个学生的情绪，应该注意到所有的细节。我是学生，我可以有情绪，我可以犯错，他是老师，他就要做得无可挑剔。"这对辅导员而言并不公平，因为我们无法扮演"全能"角色。更加细致地关注学生的情绪变化，加强与学生的沟通交流，在工作中变得更加敏锐与包容，确是我们努力的方向。但完美无缺难以企及，辅导员面对的是数以百计的学生，每个学生都是独一无二的个体。他们内心的伤痛，并非几次简单交谈就能完全洞悉，辅导员的工作同样需要学生的理解与支持。而只要尽职尽责，当因误解而遭受责备时，我们亦可坦然面对，无愧于心。

四、陪伴学生一同成长

当我们接纳自我的有限性，认可自己的工作，同时包容他人的有限性，觉察到对方的脆弱时，便能以更好的心态去面对这位学生。除了沟通事件本身外，不妨多一些心与心交流的温度，看看他如此激烈的行为背后想表达什么，经历着什么样的情绪，有着怎样的诉求，面对着怎样的家庭，我们可以给予他怎样的支持与引导，帮助他向更积极的方向成长。同时告诉他，这样的处理方式并不能够真正帮到他，甚至可能给他未来的生活带来更大的麻烦与挑战，使他离自己想要的越来越远。而未来无论遇到什么问题，您都愿意倾听他的心声，与他共同寻找解决方案。为这件事画上圆满的句号，相信这位学生会有所收获，而您也会在这一过程中有所成长。

每个人的认真付出都渴望被认可与看见。在工作中，我们努力成为成熟稳重的大人；在内心深处，也请给自己一个温暖的拥抱，拥抱那个充满爱意、虽不完美但始终努力成长的孩童。

石头老师，相信真心与用心定会为您带来应有的回报。祝好！

——小港

59 正历经情绪的低谷

漂流瓶：

小港，不瞒你说，我现在正经历着情绪的低谷期。家里发生了一些变故，父亲的身体状况出了比较大的问题，而我和谈了几年的女朋友也处于分手的边缘。我最近头绪很乱，内心非常纠结，但还要以平静的状态去面对和处理工作中大大小小的事情，就像什么都没有发生一样，这可能就是成年人的世界吧。每天晚上都睡不好觉，一闭上眼睛就开始流眼泪。唉，就当作吐吐槽吧。

——辅导员：忘忧草

小港的回复

忘忧草老师：

您好！感谢您的信任。每个人都会面临情绪的低谷期，家人生病加上情感危机，着实会带来不小的压力，在这样的情况下还能平静工作非常不易。作为辅导员，我们常常是那个关心别人、鼓励别人、把别人从情绪低谷中拉出来的人，而此刻，我们也需要成为自己的支持者，成为一个被支持的人，陪伴自己安然度过这段低谷时光。

一、静观内心，接纳情绪

面对生活的"水逆"，烦躁、失望、委屈等情绪接踵而至，这近乎是一种本能反应。负面情绪让我们感到不适，甚至干扰日常工作与睡眠。为了维持"临危不乱"的形象，我们或许会选择强作镇定，却忽视了内心的真实感受，甚至为自己的状况感到自责，这无异于雪上加霜。不妨放慢脚步，给自己一些时间与空间，让内心得以喘息。倾听夜晚泪水中蕴含的情绪，如果眼泪会说话，它想说一些什么呢？接纳所有情绪的发生，允许自己的无力，给自己一个深深的理解的拥抱。同时，感谢自己的坚韧与勇敢，感谢自己勇于面对生活的考验与内心的脆弱，说一声："忘忧草，这段时间你辛苦了！"

需注意的是，若情绪已严重影响到睡眠或持续时间较长，务必引起重视，切勿硬撑。

二、在困境中，感受爱的温暖

情绪低谷，人人可能遭遇，不需要时刻保持"像什么事都没有发生一样"。此时，我们最需要关怀与支持，这并不可耻。作为辅导员，我们需要一丝不苟地做好自己的工作，维持好自己的职业形象和角色，但当我们陷入低谷期，受困而脆弱的时刻，面对信任的同事和朋友，不妨坦然表现出自己的无力和疲惫，在安全的环境中适度敞开心扉，让他人了解自己的状态与困境，从而获得他们的关心与支持。如您给小港写信，便是一种很好的倾诉方式。若实在无力支撑日常工作，可适当请假休整，请同事协助。不必担心麻烦他人，或许许多人愿意倾听、理解，甚至与您分享他们的故事。在情绪低谷中，允许自己感受那份特别而珍贵的爱。

三、适当"松绑"，减轻压力

或许一直以来，您都习惯用高标准要求自己，力求在各方面做到尽善尽美。但在特殊时期，可适当降低对自己的期望，减少能量消耗，甚至允许自己暂时"躺平"。我们深知，这并非放弃自己，而是在进行内在的调整与修炼，以更好地应对眼前的重要事件。将眼下要处理的事情进行排序，明确哪些需紧急处理，哪些可避免超出承载负荷。比如，是否可以和女朋友说明家里的特殊情况，商量一下能否等父亲状况略微稳定后再讨论关系的问题，不在这个时候做重大的决定。

四、寻觅治愈之道

在觉察并接纳情绪的基础上，调整情绪的方法多种多样。可将所学知识运用于自身，选择当前可行且适合自己的方法进行尝试。如适当进行体育锻炼，让身体动起来，有助于排解情绪，改善睡眠；通过呼吸调整、正念冥想等使自己更加平静，专注于当下；将纷乱的思绪写下来或画下来，通过书写与绘画释放焦虑；外出晒太阳，呼吸新鲜空气，聆听音乐，暂时放空自己……此外，如果情绪状态已经超出自我调节可以应对的范畴，睡眠问题难以好转，影响到生活和工作，可联系心理中心寻求帮助。心理中心随时欢迎您，除了平复情绪，还可以和您一起理清思绪。

五、维系内心稳定

人生充满不确定性，家人生病和多年恋情的危机都与我们的亲密关系有关，这些关系是我们重要的支撑，它们的动荡可能会挑战内在的稳定感。可以在能力所及的范围内创造内心的掌控感和确定感，尝试把注意力放在当下，觉察每一个呼吸，找到此时此刻的宁静与安定。尽可能减少负面信息的摄入，可以看一些让人感觉舒适明媚的风景、图文等，记录下每天发生的美好小事，让心灵得到滋养。此外，如果工作负荷在您的承受范围内，适当的工作可以帮助我们保持正常的生活节奏和秩序。

六、沉淀成长，静待黎明

从另一个角度看，低谷期往往是自我反思与内在成长的良机。平静的日子里，我们容易随波逐流，而被生活推着前行。特殊事件则为我们提供了停下脚步、思考的空间。一次病痛或许让我们更加珍惜健康，感恩身体的长久陪伴；一次失恋或许让我们重新审视对爱情的理解与对另一半的期待；一次失意或许让我们更清晰地认识到自己渴望的生活与人生……除了伤痛，我们也在"混乱"中重建与成长。可将这些思考与想法记录下来，帮助自己整理思绪的同时让文字见证自己的成长。

在内心层面，给予自己更多允许与欣赏，理解自己；在行为层面，尽力而为，顺势而下。成年人的世界不止有无奈，即便身处低谷，我们仍能自我陪伴，寻求支持，静待黎明。

欢迎您随时来吐吐槽，聊聊心事呀。愿您在低谷中遇见新的自己。

——小港

让人"羡慕"的婚姻陷入迷茫

漂流瓶：

  我想谈谈自己的情况。在外人看来，我可能拥有令人羡慕的生活：先生事业有成，孩子学业优秀，经济条件也不错。然而，我内心却感到空荡荡的。先生经常出差，教育孩子的重担几乎全落在我一人肩上。同时，我的工作也并不轻松，在学校里要关心学生，回家又要照顾孩子，几乎没有属于自己的时间。我们全家人也很少有机会一起吃饭或外出。我知道先生也很辛苦，但我还是忍不住抱怨和指责，导致我们关系紧张。刚结婚时，我们是那么幸福，可现在，先生似乎越来越不懂我的心思，婚姻陷入了迷茫。

——辅导员：玲子

小港的回复

玲子老师：

  您好！感谢您的信任，愿意与我分享您的内心世界。您在外人眼中看似拥有了一切，但内心的空虚与迷茫却难以言表。先生的频繁出差让您在家庭中承担了更多责任，工作与孩子的双重压力让您几乎喘不过气来。您渴望被理解、被看见，渴望一家人的温馨时光，渴望有人能分担育儿的辛劳，也渴望拥有属于自己的空间。这些需求都再正常不过，也完全能够理解。

您不仅是一位老师、一位母亲，更是一位渴望被爱的妻子，一个需要自我发展的女性。对先生的不满与期待，对婚姻的失落与迷茫，都让您感到困惑。我们不妨从以下几个角度做一些探讨。

第一，我们的需求会随生活阶段而变。

您提到，刚结婚时两人非常幸福，但现在先生似乎越来越不懂您的心思。其实，在婚姻的不同阶段，我们对婚姻可能会有不同的需要，对另一半可能会有不同的期待。此外，刚结婚时往往感情正浓，随着时间的推移，感情可能会逐渐走向平淡，没有刚开始表现出的你侬我侬。同时，在养育孩子之前，我们更多是二人世界，只需要考虑自己和对方，因此可以有更多自由空间。孩子的诞生，无疑为家庭增添了新的责任与使命，家庭成员需要调整分工，适应新的角色定位。妻子容易因全身心关注孩子而忽略先生的情感需求，先生则容易难以转换角色进入父亲的状态。而随着孩子的成长，对父母的要求不断变化，夫妻之间也需要调整适应。最后，当我们还处于物质积累的时期，需要共同奋斗保障衣食住行等生活所需，为未来创造更好的生活条件，因此可能不会过度关注自我实现、精神契合等。但当我们的物质需求得到满足，我们可能更希望寻求自我发展，实现自我价值，获得心灵的陪伴，需要彼此支持、彼此成就、彼此懂得。

婚姻初期，先生也许可以满足您的核心需求，但是随着婚姻的进行、孩子的诞生、事业的发展，我们的需求或许会发生改变，也会产生新的矛盾。因此，我们需要清晰了解彼此的需求，看看目前你们的情感处于哪一个阶段，思考自己目前在婚姻中的需求有哪些，是更多的陪伴、更多的经济支持、更多的共同育儿，抑或其他？看看核心部分是否得到了满足，如果没有，是否有协调的办法。比如，在经济许可的情况下，是否可以请人协助家庭工作，跟先生沟通是否可能换一份可以更多支持家庭的工作等。这个转变的过程并非自然而然就能完成，而是需要双方不断沟通和磨合，看能否找到一个让双方都可以接受的平衡点。

当然，没有完美的伴侣和婚姻，也没有人能满足我们所有的期待。很多特质如同硬币两面，既有优点也有弊端。我们需要学会取舍、彼此理解并对自己负责。

第二，看见彼此内心的"剧本"。

将向外寻求的目光转向内心，去探寻我们的需求究竟源于真实所求还是内在恐惧。例如，先生的忙碌与陪伴不足是否让您回想起过去的经历，激活了那个孤独、不被看见的小女孩？同时，渴望陪伴的背后是否隐藏着对关系的不安全感？比如，我们的脑海里是否会冒出先生出差这么频繁，不能和我们一起吃饭，意味着我不那么重要，他不够爱我等想法。如果发现了这一点，不用担心，只需要告诉自己：这是我的想象，不是真的。当"剧本"被看见，就没有了杀伤力。

与先生心平气和地交流，或许他也会有自己的"剧本"。比如，他认为挣钱养家、创造良好经济条件就是对家人的爱；或者他担心自己不够优秀会被嫌弃。当我们先安抚好内心的伤痛，变得更加稳定时，就能与先生一起探索这些"剧本"，更深入地理解彼此，读懂彼此的语言。

这并不是说先生频繁出差是合理的，或者我们不能有情感需求。这些本身没有对错之分，也没有标准答案。当我们清晰地看到这些时，就能在关系中看见真实的对方，以更多包容与理解去接纳彼此、疗愈彼此。

第三，共同面对婚姻的困境。

无论是工作挣钱还是照顾家庭，如果最终都是为了家庭幸福，那么就不应将"内部矛盾"升级为两人之间的战争。婚姻关系中，我们需要放下改变对方的想法。我们无法改变一个人，但可以影响一个人，这份影响并非通过控制来实现，而是通过真诚的爱和理解。

在情绪稳定时与先生沟通，肯定他的付出与辛苦，表达对他的想念与心疼。同时讨论自己的需求、对家庭的畅想，以及希望他能更多参与家庭生活和孩子的成长，让他看到自己对家庭来说非常重要，并且探讨可以做出哪些具体改变，如减少出差时间、增加家庭陪伴等。

此外，两人的相处如同一个磁场。当我们感受到关系中的迷茫时，先生可能也感受到了疏远与不被理解。一方面，我们渴望他更多回归家庭；另一方面，也要思考家中有哪些因素能吸引他回来，又有哪些因素让他想要保持距离。其实无论男女都有对家的渴望，我们需要通过真诚交流去了解对方的想法、承担、委屈或无奈，以及对未来的规划，对家的畅想。两人共同努力、朝着彼此期望的方向去融合与磨合。

如果期望的改变暂时无法实现，但彼此仍珍惜这段关系，那么就需要看到对方的难处、接纳对方暂时无法改变的事实，也看到对方想要改变的心和过程中的进步，并感恩对方的付出。当我们更加稳定时，就拥有了更大的改变空间和可能性。

第四，先斟满自己的"酒杯"。

爱的能力背后是内在温柔的力量，这份温柔源自内心的丰盈与富足，以及对自我的肯定与接纳。辅导员是一项需要投入心理能量的工作，而对家庭和孩子的照顾同样如此。因此我们需要及时给自己补充能量、先斟满自己的"酒杯"，让自己处于饱满状态，再去应对工作与生活中的挑战。

不必面面俱到、追求完美，也不必给自己过多压力。您已经是一位非常出色的妻子、母亲和老师了。在忙碌之余，为自己匀出一些休息与调节的时间和空间，去做自己、关怀自己。

因为您是提问者，所以我更多从您的角度分享改变方法，但这并不意味着家庭的改变是您一个人的责任，只是需要有一个人来开启新的可能。当我们陷入纠结与痛苦，而对方暂时无力拉我们一把时，与其相互纠缠，不如自我关照。

作为老师也好，爱人也好，家长也好，我们在滋养他人的同时，需要先让自己成为充满能量的存在，爱人爱己、相互润泽。相信您能够找到心中的幸福美满。

——小港

尾声

家是人生的起点，也是心灵的归途

家，是那么熟悉的字眼，有时候又会让人感到陌生。我们从家走向广阔，有时候又会被家困住。很多人因为家的支撑走过艰难，也有人因为家的缺失感受着人生的寒冬。

没有什么可以阻挡一个人对家的渴望。每个人都需要一个心灵之家，一个可以让我们分享成功和喜悦的地方，可以让我们呈现眼泪和脆弱的地方，可以让我们卸下包袱和面具的地方。

家是我们的根，父母是我们的来源。我们和父母的关系影响着我们和自己、他人以及世界的关系，因此疏通这份关系非常重要。所谓的疏通，可以是彼此之间的深深理解、紧紧相拥、真切改变，也可以是内心的接纳、理解、原谅、放下。对于年轻的大学生而言，这也许会是一条漫长的路，而每一步的成长都会带来自我的疗愈；对于家长朋友而言，孩子所带来的冲击和思考或许是人生一项新的功课和财富。

作为一名心理老师和学生工作者，我和领导、同仁、学院老师一起，见证了很多家庭的积极转变以及学生的成长和疗愈之路。我们做家庭工作，开展家校合作的初衷是让家里的爱流动起来，让学生感受到家庭之爱的滋养和支持，从而成为更有能量的自己。在工作的过程中，我们也从一个又一个家庭里收获了源源不断的力量和感动。

这本书已经接近尾声，而"安心港湾"家校合作工作室将继续张开臂膀，欢迎每一位同学、家长朋友和辅导员老师的到来，共同探讨和努力，让"家"成为学生的安心港湾。

安生乐业，家校同心。我们向着家的方向前行，也在远离家的地方成长。祝愿每一位大学生、大学生家长和辅导员都感受到家的温暖和支撑，也能成为彼此心灵之家的一缕阳光。

不管身处何方，来自家的温暖会永远留存在我们心中，伴随我们走过每一个春夏秋冬。

致谢

一个港湾的幸福

这本书的诞生既是一种偶然，也是一种必然。在写这本书的前期、过程中以及完成后，我都体验到了不同的幸福。最初开展家校合作项目，是因为我看到许多学生深受家庭问题之苦，许多困顿迷茫的家长需要指引，辅导员也需要更多的联动和支持来进行家校协同工作。于是，我申请了校辅导员工作室项目，并给它取了一个我很喜欢的名字——"安心港湾"。

在当时，这个选题还不算热门。大学生已经成年，为何还要做家长的工作呢？与学校危机干预等重中之重的工作相比，家校合作似乎显得不那么关键，但却是不可或缺的。我们每一个危机个案、每一个严重心理异常的学生身上，都能看到家庭教育的影子。因此，我坚信这项工作具有非常重要的意义。自建立以来，"安心港湾"家校合作工作室已经开展了五十余场活动，工作覆盖面广且成效显著。其系列活动还被评为东南大学2023年度机关作风建设优秀工作案例。

当我回应同学、家长或辅导员的问题时，当我敲下每一个字时，我似乎都能感受到一种幸福的使命感。当我们组织每一场活动、进行每一次分享、看到每一条期待下一次交流的反馈、听到每一句感谢时，都能感受到意义的蔓延。当我们看到一个家庭哪怕只是细微的改变、学生重新获得了生长的空间时，都会感到无比的鼓舞。当我们能够找到好的模式帮助更多的学院、老师应对家校合作中遇到的问题、增加解决问题的信心时，都能体验到发自内心的喜悦……我想，这就是一个港湾的幸福。迎接疲惫的身躯到来，目送他们带着能量出发、踏上继续前行的路。

当然，港湾也有其局限性。我们会遇到难以解决的问题，也会感受到挫败。很多时候，我们尽己所能，却也有无奈和遗憾。在这个过程中，我们对每一个挣扎迷茫的父母、大学生、家庭都充满了敬畏。每一个生命都是鲜活而充满力量的，都有它的起承转合。我们得以见证生命的繁复，在这个过程中学会尊重、臣服；也见证着生命的顽强与不屈。"失败""异常"背后往往蕴藏着不可预估的能量，"苦难""挣扎"背后也蕴含着未曾开发的资源。这种力量震撼着我们每一个人，我想，这就是一个港湾的幸福。

当我们连接着一个又一个家庭、走近一个又一个父母的心时，也搭建起了更加有力的支持系统。我们与学院一起更好地为学生保驾护航，希望这个港湾可以帮助更多的人，让更多学生、家长、教职工哪怕只是有一点点获益。在当今这个压力重重的时代，这个小小的港湾能送去一份清凉。愿它慢慢开枝散叶、日益茁壮，让更多的人感受过这里的晓风、踏着沙滩走过。也许会有越来越多的港湾出现，遥相呼应，形成一张无形的网，给人带来更多的安心与舒适。我想，这就是一个港湾的幸福。

在完成这个项目和这本书的过程中，我并非孤军奋战。每一次举办讲堂等活动时，我的前辈们和同事们都非常愿意提供支持。尤其要感谢心理健康教育中心前主任秦霞老师的支持和鼓励，让我得以开启"安心港湾"家校合作工作室，并踏上这本书的写作之旅。感谢退休返聘专家郭晋林老师多次参与我们的讲座和沙龙，为家长们和辅导员老师们提供了许多宝贵的分享。感谢心理健康教育中心的曲栩、孙威、邓旭阳、童伟、张静、曾桃生、曹倖、王婉睿、王域等领导、专家和同仁的指导和参与，并带来精彩讲座与解答。感谢所有参与过"安心港湾"活动的校外专家陈珏、费俊峰、夏倩、王昊飞、陆晓花、向莉莉、徐治等为我们带来的宝贵支持资源，他们从各自的角度给予专业、科学、有温度的分享，解除了家长朋友的许多困惑，也给了学生工作者许多学习机会。感谢所有参与过本书相关文稿审核和反馈的同学胡乃心、陈小小、朱芷晴，他们作为读者给出了许多宝贵的建议和反馈。也感谢每一位老师、家长和大学生的信任，让这个港湾拥有了存在的意义。

东南大学党委副书记邢纪红在百忙之中为本书作序，是对我莫大的鼓励，在此致以由衷的感谢。

在工作室成长的过程中，我个人还受邀参与了中青网"育儿大咖说"栏目，分享了"如何帮助考试失利的孩子重建信心"。作为副主编参编了《育儿大咖说：好父母应该这样做》一书，并在《学前教育》上发表了十余篇专家问答，帮助大家解决婚姻家庭与育儿困惑。

在陪伴其他家庭的过程中，我的小家庭也在茁壮成长。感谢我的先生、我的女儿以及所有家人对我的支持，给我空间去完成长时间的写作。谢谢他们的爱。

由于本人水平有限，在写作过程中难免会有疏漏和不足，敬请各位专家老师、家长朋友、同学们批评指正。

虽然这本书已经走向尾声，但一个港湾的幸福还会继续。期待着更多人来分享这份幸福、感受这份幸福，并在幸福中传递幸福。

每个校园都是一个港湾，每个学院都是一个港湾，每个家都是一个港湾，每个人也都是一个港湾。一个个大大小小的港湾，即将走向更远的征程，共同创造一片日益温暖的世界。